Moritz August von Thümmel

Anthologie aus M. A. v. Thümmels Werken

195. Bändchen

Moritz August von Thümmel

Anthologie aus M. A. v. Thümmels Werken

195. Bändchen

ISBN/EAN: 9783744604048

Hergestellt in Europa, USA, Kanada, Australien, Japan

Cover: Foto ©Thomas Meinert / pixelio.de

Weitere Bücher finden Sie auf **www.hansebooks.com**

Meyer's
Groschen-Bibliothek
der
Deutschen Classiker
für alle Stände.

(„Bildung macht frei!")

Einhundertneunundfünfzigstes Bändchen.

Anthologie

aus

M. A. v. Thümmel's Werken.

===

Hildburghausen:
Druck vom Bibliographischen Institut.
New-York: Hermann J. Meyer.

Biographische Notiz.

Moritz August von Thümmel.

Geboren 1738. Gestorben 1817.

Moritz August v. Thümmel gehört zu den originellsten Schriftstellern der Nation. Geboren im Jahre 1738 auf dem adeligen Gute Schönfeld bei Leipzig, empfing er den ersten wissenschaftlichen Unterricht seit 1754 in der Klosterschule zu Roßleben in Thüringen. Im Jahre 1756 bezog er die Universität Leipzig, wo Gellert sein Freund und Lehrer, Weiße, Rabener und Kleist seine Freunde wurden. Darauf trat er 1761 als Kammerjunker in die Dienste des damaligen Erbprinzen, nachherigen Herzogs Ernst Friedrich von Sachsen-Coburg, ward, als dieser Fürst die Regierung antrat,

Geheimer Hofrath und 1768 wirklicher Geheimer Rath und Minister.

Er verwaltete diesen Posten mit wohlthätiger Wirksamkeit für das Land; besonders pflegte er die Industrie, beförderte, wo er konnte, die bestehenden Fabriken und rief selbst mehre neue in's Daseyn. In den Jahren 1775—1777 machte er in Gesellschaft seines ältern Bruders und dessen Gattin eine Reise durch Frankreich und einen Theil Italiens, und nach dem Tode dieses Bruders verheirathete er sich 1779 mit dessen Wittwe, mit welcher er bis zu ihrem Tode in der glücklichsten Ehe lebte. Nachdem er sich 1783 von allen öffentlichen Geschäften zurückgezogen hatte, lebte er theils auf dem Familiengute seiner Gattin, Sonneborn im Gothaischen, theils in der Stadt Gotha, theils auf Reisen. Er starb 1817 in Coburg.

Thümmel's dichterisches Talent wird von einem hellen Verstande, von einer vertrauten Menschenkenntniß, die sich aller Nüancen und Schattirungen des wirklichen Lebens für den Zweck der Darstellung zu bemächtigen weiß, von Mannichfaltigkeit und Vielseitigkeit in Behandlung des ergriffenen, oft scheinbar unbedeutenden Stoffes, von ächtem Witze, der bisweilen in Satyre übergeht, und von einer heitern Laune, die nicht selten üppige Jovialität wird, so wie von warmem Gefühl, von genauer Kenntniß der Klassiker aller kultivirten Sprachen und von einem natürlich sichern Takte in der Hervorbringung und Vollendung einer schönen Form unterstützt. — Die hohe Gewandtheit in der Behandlung des Stoffs, das leichte Nüanciren in den einzelnen Partien der Darstellung dürfte Wenigen mit ihm in gleichem Grade zukommen, wenn auch Andere an Leichtigkeit der Versifikation und an Reichthum der Gedanken ihm gleichkommen oder ihn selbst übertreffen.

Das erste Werk, mit welchem Thümmel seine ruhmvolle Laufbahn als Dichter begann (1764), war seine komische Epopöe: „**Wilhelmine,**" oder „**Der vermählte Pedant**". Sie ist überaus reich an aus dem Leben gegriffenen Schilderungen und veraltet nie. Ihr folgte 1771 eine Erzählung in Versen „**Die Inokulation der Liebe**". Feiner und naiver Scherz und eine glückliche Versifikation erwarb auch ihr allgemeinen Beifall. — Nach einem langen Zwischenraume trat er endlich mit seinem Hauptwerke: „**Reisen in den mittägigen Provinzen von Frankreich im Jahre 1785 bis 1786**" auf, welches er innerhalb 14 Jahren, in 10 Bänden, vollendete. Es enthält eine Fülle der mannichfaltigsten Beobachtungen, Situationen, Gefühle und Schilderungen, bald mit gemüthvollem, bis zu inniger Rührung gesteigertem Ernst, bald anmuthig tändelnd, bald mit zügellosem Muthwillen. Einheit des Ganzen darf man jedoch nicht suchen. Indessen benimmt ihm dies nichts von seinem eigenthümlichen Werth. Vielleicht in keinem Werke unserer Literatur findet sich deutsche Gemüthlichkeit und französische Leichtigkeit und Naivetät in höherem Grade gepaart, als hier. — Als Lyriker verdanken wir Thümmel'n einige unserer schönsten Gedichte, voll Anmuth, Wohlklang und Ebenmaß. Wir haben sie in den nächsten Blättern aufbewahrt. —

Ausgewählte Gedichte.

In das Stammbuch
der
Madame Händel,
in Bezug auf ihre mimischen Vorstellungen zu
Gotha, den 17. Januar 1810.

Welch Auge saugt nicht gern an Deinem Blick
    voll Seele,
Wenn Du von Deiner Höh' auf uns hernieder
    strahlst,
Und was die Dürer einst und was die Ra-
    phaele
Erschufen, sinnreicher uns malst! —
Wer möchte nicht mit Dir in's Empyreum streben,
Nicht aus den Schlacken uns'rer Zeit
In's Dunkel der Vergangenheit
Auf Deinem Lichtstrahl überschweben! —

Warum ließ die Natur, was Deiner Kunst gelingt,
Mich nie auf meiner Bahn, das liebliche Erschrecken,
Und jenes Schamgefühl entdecken,
Das Deinen Busen hebt, der mit der Unschuld ringt,
Wenn Du der Botschaft horchst, die Dir der Engel bringt*).
Denn hätte solch ein Weib je meinem Blick gesessen
Auf einem Rasen oder Thron —
Ich fürchte, sträflich und vermessen
Hätt' ich dann selbst des Seraphs Mission
Und um ein menschliches erseufztes Botenlohn
Des Himmels Glorie vergessen.

Der Vogelsteller.

Die Liebe und der Vogelsang
　Sind ziemlich einerlei;
Es lockt der männliche Gesang,
　Er lockt — er lockt
Vögel und Mädchen herbei.

---

*) Als Maria bei der Verkündigung.

Sie achten ihrer Schwäche nicht,
  Denn ihre Herzen sind
In jugendlicher Zuversicht
  Betäubt — betäubt,
Liebevoll, fröhlich und blind.

Zwar bei dem ersten Ausflug ist
  Das Vögelchen verzagt,
Hält jeden Laut für Hinterlist,
  Wohin, wohin
Es seine Flügelchen wagt.

Doch hüpft es bei dem zweiten Flug
  Mit jubelndem Geschwätz
Von Baum zu Baum, und dünkt sich klug
  Und hüpft, und hüpft
Dem Vogelsteller in's Netz.

Romanze.

(Im Namen und zum Vortheil eines reisenden Jägers, der auf einem Jahrmarkte ein ungewöhnlich großes Hirschgeweihe für Geld sehen ließ.)

Hier prunkt, ihr Weiber kommt herbei,
  Mit euren Bettgenossen,
Ein ungeheures Hirschgeweih
  Von zwei und siebzig Sprossen.

Nie hat es einen Hirsch geschmückt,
Es ward mit allen Enden
Auf eines Jünglings Kopf gedrückt
Von zauberischen Händen.

Es ging so zu: — Ein Edelmann
Voll Liebesgluth, mit Namen
Actäon, war hold zugethan
Dem Muster keuscher Damen.

Als sie als Reisender erschien,
Fragt er in allen Thoren,
Wo kommt sie her, wo will sie hin,
Was hat sie hier verloren?

Das Wort fiel ihm kaum in's Gehör,
Sie werde hier verweilen,
So schwur er, lüstern, etwas mehr
Als Luft mit ihr zu theilen.

Ihr Anblick war ihm nicht genug,
Er brannte vor Verlangen,
Dies fremde Wild, so schön, so jung,
In seinem Garn zu fangen.

Doch nie konnt' er auch nur die Spur
Von ihrem Gang ertappen,
Sie ging, vorsichtiger Natur,
Ihm immer durch die Lappen.

Er malte sich die Finger lahm
An Bildern seiner Schmerzen;
Allein, ich weiß nicht, wie es kam,
Es ging ihr kein's zu Herzen.

Nun aber horcht auf! was geschah,
Und wie, eh' er's gedachte,
Ein Zufall ihn nur allzunah'
In ihren Zauber brachte.

An einem Hundstag sehnte sich
  Das schöne Kind in's Frische,
Warf einen Shawl nur um, und schlich
  In abgelegne Büsche.

Dies hielt der junge Kavalier
  Für ein gesundnes Zeichen,
Mit aller Hitze der Begier
  Der Fremden nachzuschleichen.

Bald sah er — und der Anblick drang
  Ihm bis in's Mark der Hüften —
Die kleine Schöne ohne Zwang
  Ihr enges Mieder lüften.

Sie trippelte zum nächsten Bach
  In's Bad, sobald die letzte
Umhüllung fiel, die tausendfach
  Des Himmels Strahl ersetzte.

Kein Mädchen mehr, als Cynthia
    Blinkt sie nun auf dem Sande
Des Bachs. — Doch eh' sie sich's versah,
    Stand ihr Amant am Rande.

Unmöglich war ihr, auf einmal
    So Vielerlei zu decken;
Denn fern vom Ufer lag ihr Shawl
    Bei ihren Unterröcken.

Doch bald griff sie im höchsten Grimm
    Zu ihren Himmelswaffen,
Stand glänzend still und ließ von ihm
    Sich, wie sie war, begaffen.

Und er, der wie versteinert stand,
    Sah nicht, als sie zum Bache
Sich bog, sah nicht die hohle Hand
    Gefüllt mit Weiberrache;

Bis sie ihn tauft' und rief: „Nun lern'
    Fortan bescheidner handeln;
Es ist ein Spaß, euch junge Herrn
    In Thiere zu verwandeln.

Gleich einem Hirsch, trag' ein Geweih
    Auf Deinem Scheitel prächtig,
Und jedes Weib in Zukunft sey
    Desselben Zaubers mächtig!"

Kaum fühlt' er seinen Schmuck, so fühlt'
　Er auch davon das Gute,
Denn Hirschhorn ganz vortrefflich kühlt
　Die Wallungen im Blute.

Nun hatt' er weiter keine Lust,
　Am Bache zu verweilen;
Er lief und fing aus hohler Brust
　Erbärmlich an zu heulen.

Halb Mensch, halb Hirsch, fühlt überall
　Der Arme sich verlassen —
Wie will auf einem Karneval
　Ein Domino ihm passen?

Könnt' er der menschlichen Vernunft,
　Die ihm noch blieb, entsagen,
Vielleicht wär' er zur Zeit der Brunft
　So sehr nicht zu beklagen.

So aber ging's ihm gar zu schlimm
　Bei Schmäusen und Visiten;
Wohin er kam, da ließ man ihm
　Hof, Stadt und Land verbieten.

Kein seidner Strumpf, kein Gallakleid,
　Kein Orden stand ihm ferner; —
Jetzt macht das wenig Unterscheid,
　Mit — oder ohne Hörner.

Vor Gram starb d'rauf das edle Thier
Bei seinen Anverwandten;
Aus seinem Nachlaß haben wir
Sein Hirschgeweih erstanden.

Das entflogene Haar.

(An eine junge, liebenswürdige Wittwe.)

Dank sey dem Schutzgeist meines Lebens,
Der mir ein Heer von Phantasien
Und leichtes Blut nicht ganz vergebens
Zu meines Alters Trost verliehn.

Wie schlau versteckt er nicht am Stege
Zum Grabe mir den Uebergang
Durch treue Blumen seiner Pflege,
Durch Liebe, Freundschaft und Gesang!

Es segnete mit edlem Muthe
Mich die Natur. Aus Muttersinn
Warf sie jedoch dem höhern Gute
Noch eine Kinderklapper hin.

„Nimm diesen Talisman zur Reise
Des Lebens mit, und fühlst Du Dich",
Sprach sie, „zu traurig und zu weise,
So wend' ihn an, und denk' an mich!"

Wie lieb und durch Versuch bewähret
Mir dies Geschenk geworden sey,
Geliebte Freundin, das erkläret
Dir schon mein Hang zur Tändelei.

D'rum lass' ich die Gedankenfeste
Gern dem, der sie verdauen mag,
Ess' meinen Kohl, und spar' die Reste,
Wenn er mir schmeckt, zum andern Tag.

D'rum werf' ich nur den kleinen Engeln
Der Freude meine Küsse zu,
Und lass' die Welt mit ihren Mängeln
Und ihrer Prahlerei in Ruh'.

D'rum wünscht' ich nie ein Ordenszeichen,
Als eins von Dir; Glück über Glück,
Ein Zephyr im Vorüberstreichen
Ließ es auf meiner Brust zurück.

Ein einzeln Haar der vollen Kette,
Das leis', als sie Dein Busen wog,
Auf Amor's Hauch, gleich einer Klette,
Zu meinem Lorbeer überflog.

v. Thümmel.

18

Lass es der Stunde mich verweben,
Wo ich dem Krater allzunah,
Vor Gluth im Auge das Entschweben
Des dunkeln Fünkchens übersah.

Kein Stäbchen, das im Tanz der Horen
Sich hebt und durch die Lüfte streift,
Kein Haar ist, das nicht unverloren
In's große Rad des Schicksals greift.

Ein Apfel trieb aus Edens Schranken
Das Glück der Welt. Ein Klüg'rer fiel
Vor Newton's Fuß und trieb Gedanken
Des größten Sehers an sein Ziel.

Er ließ ihn das Gesetz erklären,
Das in dem Liebesraum der Welt
Die größern und die kleinern Sphären
Durch Druck und Gegendruck erhält.

So ward er ihm zur Himmelsleiter;
O würde Dein entfallnes Haar
Jetzt mir, was jenem Sternendeuter
Ein abgefallner Apfel war!

Dann zög' ich es den Kostbarkeiten
Der Kirche vor, die Joseph's Bart,
Als Spielwerk der Gebenedeiten,
Zu Saint Denis im Glas verwahrt.

In das Stammbuch eines jungen Fräuleins aus einem aufgehobenen Kloster.

Dich zog der freche Krieg aus einer Klostermauer
In die belebt're, froh're Welt,
Gleich einer Nachtigall, die aus dem finstern Bauer
Ein Sturmwind in das Freie schnellt.
Das Vöglein fühlt sein Glück; wie unter Siegespsalmen
Fliegt es von Baum zu Baum, gesangreich durch die Flur.
Ahm' seinem Frohsinn nach, und singst Du ja auch Psalmen,
So sey's im Tempel der Natur. —
Mit diesem frommen Wunsch gibt Dir bei'm Uebergange
Des lauten Karnevals zur stillen Einsamkeit
Ein Feind von allem Klosterzwange
Im Namen Gottes sein Geleit.

Gebet eines redlichen Vaters am Vermählungstage seiner geliebten Tochter. *)

Im December 1801.

Du, der in ewiger Ferne
  Nie seiner Schöpfung entschwand,
Und mit dem Flimmer der Sterne
  Das Herz des Menschen verband;
Du, der den Kreislauf der Triebe
  In festem Fortgang erhält,
Und sich in Seelen voll Liebe
  Als seinem Spiegel gefällt;

Der, auch im Jubel der Chöre,
  Des Sängers Lied nicht verschmäht,
Das Liebe hauchet — erhöre
  Jetzt eines Vaters Gebet.
Du, der, damit es verglimme,
  Kein Herz zum Daseyn erschuf,
Gib deine segnende Stimme
  Zu meinem menschlichen Ruf!

---

*) Natalie von Thümmel mit dem Freiherrn Karl von Thüngen auf Thüngen.

Denn sieh', jetzt führen die Horen
   Der Ahnherrn Leiter herab
Ein Paar, dem Endzweck erkoren,
   Der es dem Weltraume gab;
Es horcht dem Weihegesange
   Der Aeltern, staunend, wie sich
Sein Herz in ähnlichem Drange
   Leis in ein andres verschlich.

Triumph! jetzt nehmen die Stunden
   Einsamen Lauschens die Flucht,
Sie haben sich freundlich gefunden,
   Sie, die einander gesucht.
Ein Erbe männlicher Güte
   Mit Kraft zur Tugend erfüllt,
Und eine Jungfrau — in Blüthe,
   Der Nachtviolen gehüllt.

Wohl dann, Ihr Suchenden, rettet
   Euch aus dem Pfad ohne Spur
In Euren Luftkreis, verkettet
   Euch fest dem Ring der Natur;
Daß, wenn ja Stürme des Lebens
   In Eurem Staubgang entstehn,
Sie nie des ernstern Ergebens
   Geheimes Flüstern verwehn.

Daß Eurer blühenden Ehe,
   Von keinem Nachtfrost verletzt,
Mehr als ein Sprößling erstehe,
   Der an Gefühl Euch ersetzt,

Der als ein Früchtbaum sich hebe,
Und, in des Lebens Gebiet,
Sich einer Nachwelt verwebe,
Die seine Senker erzieht.

Mögt Ihr in Einklang den Reigen,
Der Gottes Veste durchwallt,
In Symphonien ersteigen,
Wenn dieses Leben verhallt;
Zu Euren Enkeln noch rufen:
„Ihr, uns Umringenden, ach!
„Lebt, liebt und folgt auf den Stufen
„Genützter Menschheit uns nach!"

Wilhelmine.

(Ein prosaisch-komisches Gedicht.)

Erster Gesang.

Nah' an der glänzenden Residenz eines glücklichen Fürsten, nicht fern von der schiffbaren Elbe, verbreiteten sich in dem anmuthigsten Thale zwanzig kleine Wohnungen fröhlicher Landleute. Junge Haselstauden und wohlriechende Birken verbauten dies Landgut in Schatten, und versüßten dem fleißigen Bauer die entkräftende Arbeit, wenn der Hundsstern wüthete; und, entblättert vom Boreas, flammte dies nutzbare Gebüsch in wohlthätigen Oefen, wenn der Winter das Thal mit Schnee füllte, und nun ein Nachbar zum andern schlich, um die langen müßigen Stunden durch schlaue Gespräche zu verkürzen, bald auf den

Durchmarsch der Preußen zu schmälen, bald die besseren Besuche eines freigebigen Kobolts zu erheben, oder auch über die Polizeibefehle der Regierung zu spotten. So lebten diese Hüttenbewohner ruhig und mit jeder Jahreszeit zufrieden.

Nur der Pastor des Dorfes allein, der gelehrte Sebaldus, hatte seit vier unglücklichen Jahren die ländliche Munterkeit verloren, die sonst auch auf seiner offenen Stirne gezeichnet war. Ein geheimer Kummer peinigte sein Herz. Wenn er die ganze Woche hindurch in der Einsamkeit seiner verrußten Klause getrauert hatte, dann winselte er am Sonntage der schlafenden Gemeinde unleidliche Reden vor, und selbst bei dem theuer bezahlten Leichensermon verließ ihn seine sonst männliche Stimme. Die Klügsten der Gemeinde marterten sich umsonst, die Ursache seines Leidens zu entwickeln. Was fehlt unserm Magister? fragte einer den andern: Wir lieben ihn ja, er ist der Vornehmste im Dorf und er wird auch nicht etwa, wie dieser oder jener — von einem hochmüthigen Junker geplagt, denn der unsere lebt, Gott sey es gedankt, ferne von uns und verprasset seine Renten in Frankreich. So klagten die Bauern den Kummer ihres Magisters! Aber umsonst blieb ihr mitleidiges Nachforschen. Der tiefsinnige Pastor verbarg seine Sorgen der Neugier, und außer Sonntags, wo sein Amt ihm gebot, schien seine Sprache verloren. Vier Jahre gänge finsterer Predigten hatt' er also geendiget; mit zitternden Händen geschrieben und auf einem Haufen gesammelt, lagen sie in einem verriegelten Schranke, oft von andächtigen Würmern besucht, die alle Buchstaben zerfraßen und höflicher für die dankbare Nachwelt sorgten, als der betrogene Buchhändler, der so oft mit drolligten Postillen den einfältigen Freigeist belustigt. Aber die komische Muse hüpfe ängstlich über den heiligen Staub und über die traurigen Scheduln des Pastors; sie beschäftige sich nur mit seinem Glücke — und erzähle den wunderbaren Traum, der ihm, bewillkommnend an der letzten Stufe des Jahres, mit dem Ende seines schwindsüchtigen Kummers schmeichelte.

In der zwölften Stunde der Nacht, damals, als sich das zwei und sechzigste blutige Jahr des achtzehnten Jahrhunderts von wenigen Minuten loszuarbeiten suchte, um sich an die Reihe so vieler vergangener Jahrtausende zu hängen; so wie der furchtbare Nachtfalter, auf dessen Rücken die Natur einen Todtenkopf gebildet, sich mühsam aus dem Gefängnisse seiner Puppe herauswindet, seine schweren Flügel versucht — und verschwinden würde, wenn nicht ein naturforschender Henker sein Leben verfolgte; — der pfählt ihn mit einem glühenden Pfriemen gleich nach seiner Geburt, und setzt diesen gräulichen Vogel in die bunte Gesellschaft der Schmetterlinge, Heuschrecken und Käfer — da erschien Amor dem eingeschlummerten Priester, der über das Zudrängen dieses kleinen Unbekannten heftig erschrak, denn bisher hatt' er ihn nur aus dem großen Rufe seiner Verwüstungen gekannt — wie etwa den Beelzebub, oder den General Meyer; doch der freundliche Amor ließ ihn nicht lange in seinem ungewissen Erstaunen, schüttelte seinen Köcher und sprach also zu ihm: Entschuldige den Amor, theurer Sebaldus! wenn er bisher wider deinen Willen dein Feind gewesen ist, und erschrick nicht über seine Erscheinung, die dir ein Glück verkündigt, das dir wenigstens vormals nicht gleichgültig war. Wilhelmine, — bei diesem Namen durchströmte ein leuchtendes Roth die verfallnen Wangen des Pastors — und Amor fuhr lächelnd fort: Ich sehe, du erinnerst dich noch dieser lebhaften Schönen, die einst in diesen Fluren geboren, nur von der unschuldigen Natur erzogen ward, die dir oft in der feurigen Predigt, durch einen einzigen Blick ihrer hellblauen Augen, ein langes, verhaßtes Stottern — und wenn du allein warest, manchen lauten Seufzer erregte. — Ach, sie hätte dich gewiß zum Glücklichsten deines Standes erhoben, wenn nicht die Intrigue eines neidischen Hofes sie deinem Kirchspiel entführet und unter die fürstlichen Zofen versetzt hätte. O wie traurig hast du die Zeit ihres Hofdienstes hinschleichen lassen! Vergib es mir, liebster Magister, daß ich hier deiner Unthätigkeit spotte! Hast du denn nie gehört und gelesen, wie oft die entſchloſſene und geſchäftige Liebe Klöſter geſtürmt, Mauern erſtiegen und ſich nachgiebige Nonnen unterthan gemacht hat, die zu einem ewigen, frommen Müſſiggange verdammt waren; und du, du verzagteſt, dem Hofe ein Mädchen zu entziehn, das von keiner Aebtiſſin bewacht und von dem Kloſtergelübde weit entfernt iſt, eine ewige Jungfer zu bleiben? Doch ich komme nicht her, dich mit Vorwürfen zu kränken. — Das Ende deiner Leiden iſt da! Wie leicht wird dir es werden, in Wilhelminens tröſtenden Armen, oder an ihrem wallenden Buſen der vergangenen traurigen Tage zu vergeſſen; der Aufſchub deines Verlangens — ja — er war dir ſchwer zu ertragen. Doch jetzt vermehrt er dein Glück! Denn ſiehe! Mit munterm Geſichte erwartet dich die jüngſte, feurigſte Liebe! Sie würde kraftlos — ſchläfrig, ja wohl gar erloſchen ſeyn, wenn Wilhelminens Beſitz dich ſchon vor vier Jahren beglückt hätte. Ermuntre dich alſo, und höre meinen liebreichen Rath: Morgen wird die reizende Wilhelmine den graubärtigen Verwalter, ihren Vater, beſuchen — von keinem Höfling begleitet, wird ſie des Mittags zu ihm fahren. Welch ein bedeutender Wink, den das Schickſal dir gibt! Folge ihm — ſuche Wilhelminens Geſellſchaft und eröffne ihr, ſo rührend als du vermagſt, deine brennende Neigung! Sie — die gleich einem leichten Federballe von Hand in Hand geworfen, in der Höhe des Hofs flatterte — oft mit Schwindel herabfiel und wieder in die Höhe gesagt wird — sie, die jetzt mit ernsthaftem Nachdenken der Ruh', entgegen seufzt — sie — ich — schmeichle dir nicht, wird froh seyn, an deiner ehrwürdigen Hand den Verleumdungen der großen Welt zu entwischen, und ehe diese Neujahrswoche verläuft, kannst du für deine treue Liebe belohnt seyn. So sprach der philosophische Amor, glaubte genug gesagt zu haben, und wollte verschwinden, als ihm noch eine wichtige Erinnerung einfiel. — Mit der lächerlichen Miene eines jungen Offiziers, der zum ersten Mal einen armseligen Posten zu vertheidigen bekömmt, und bei aller seiner Geschäftigkeit bald den kleinen Umstand vergessen hätte, die Parole zu geben — rief Amor: Bald hätt' ich nicht an das Wichtigste gedacht. — Wär' es auch ein Wunder? Und hab' ich nicht immer meinen Kopf so voll? Merke also noch dieses, lieber Magister! Lass' ja nicht die unwiederbringliche Zeit vorbeistreichen, damit nicht die Tage herannahen, wo der galante Hofmarschall seine Prisantenkur schließt, und Schönheiten wieder aufsucht, die jetzt sein durchgewässertes Herz medicinisch verachtet. — Und Morgen sey bedacht, dich reinlich zu waschen! Pudre deine beste Perücke, dein schwarzer Rock soll dir nicht schaden; nur sey so dreist und munter wie ein Kammerjunker; dieser siegt oft auch in der Trauer des Hofs, nicht immer im fröhlichen Jagdkleide. Und nun verschwand Amor. — Das Rauschen seiner Flügel erweckte auf einige Augenblicke den Pastor;

schwerfällig sammelte er seine Gedanken — rieb sich gähnend die Augen, und seine rohe Stimme erklang durch die Stille der Nacht: Welch ein Traum! Sollte es möglich seyn, daß er wahr wäre — o so wäre kein König glücklicher, als der arme Pastor Sebaldus. — Doch eitle Hoffnung — die schönsten Träume betrügen! Hab' ich vier Jahre bei den eifrigsten Wünschen hinschmachten müssen — warum sollte denn jetzt die Liebe einen Elenden aufsuchen, der zu abgehärmt ist, ihren Diensten Ehre zu machen. — Doch der morgende Tag wird mir dieses Geheimniß erklären. — Mit Geduld will ich seiner erwarten. — Schon schlägt es zwei — Ach, Wilhelmine! Angenehmer Schlaf! so murmelte der Pastor, und schnarchte.

Was könnten wir Besseres vornehmen, komische Muse, um nicht selber zu schlafen, als wenn wir in die vergangenen Zeiten blicken, Wilhelminen in ländlicher Unschuld betrachten, und erforschen, wie des Magisters Liebe und sein Unglück entstand, dessen Ende ihm Amor in dieser merkwürdigen Nacht verkündigt hat.

Schon der sechzehnte Frühling hatte Wilhelminens Wangen mit einer höhern Röthe gemalt, ihre Augen dunkler gemacht und ihr Haar schwärzer gefärbt. Ihr nesseltuchnes Halstuch hob und senkte sich schon, aber keiner — ist's möglich? — keiner von den hartherzigen Bauern gab Achtung darauf. Sie selbst wußte noch nicht über süße Gedanken der Liebe zu erröthen, ihr Herz klopfte in immer ruhigen Pulsen, wenn sie einsam das verdeckte Veilchen aus dem holden Riedgrase hervorpflückte, ein wahres Bildniß ihres eigenen jungfräulichen Schicksals, oder wenn sie, an dem Ufer des rieselnden Bachs sitzend, die bunte Forelle mit geschwinden Augen verfolgte, und indeß den schönern Gegenstand der Natur —, ihr wiederscheinendes Gesicht aus der Acht ließ. Spottet nicht ihrer Unschuld, ihr freundlichen Nymphen, die ihr so oft das mächtige Vergnügen eures eigenen Anschauens genossen habt. Denn Niemand hatte noch bisher Wilhelminen gelebt, wie reizend sie sey, und Niemand, ich sag' es mit Jammer, Niemand, als ein frommer, schüchterner Mann, der Magister, hatte selbst bis hieher den feinen Verstand gehabt, ihre Vorzüge zu bemerken, und nur von ihm allein ward sie heimlich geliebet. Mit welchem zitternden Vergnügen schlich er ihr nicht auf jedem kleinen Spaziergange nach, und hielt sich doch immer in einer ehrerbietigen Entfernung, und mit welcher süßen Betäubung unterschied er nicht ihre liebliche Stimme, wenn das andächtige Geschrei der Gemeinde durch die Sakristei in sein lauschendes Ohr drang! Schon sann die Liebe ernsthaft darauf, ihn glücklich zu machen. Aber zwei andere Leidenschaften, fast eben so mächtig, als jene, stritten heftig in seiner theologischen Seele, jagten die Liebe heraus und legten den Grund zu dem grausamen Schicksale des Pastors. Der Stolz war es und die Begierde nach einem bequemlichen Leben! Denn wenn ihn auf der einen Seite seines hinfälligen Herzens die Tochter des vornehmen Kirchenraths mit ihrer Neigung verfolgte, so bestritt es auf der andern die Ausgeberin des Präsidenten. Ihre Wahl war der gewisse Beruf zum Vorsteher der Kirche. Als Superintendent konnt' er alsdann eines langen, ruhigen Lebens genießen, von den Trutbähnen seiner freigebigen Diöces und den Komplimenten gemeiner Pfarrherren gemästet. So wird oft ein Knabe geängstet, wenn ihm sein lachender Vater ein Stück kräftiges Brod und eine einzelne wohlriechende Erdbeere vorlegt. Was soll er wählen? Sein Gaum verwirft, was sein hungriger Magen verlangt, doch seine Minuten lange Näscherei verachtet das Elend des ganzen Tages. — Kurz entschlossen verschluckt er die Erdbeere, und übertäubt das Murren seines Magens durch erzwungene Gesänge. Eben so gewiß würde auch endlich der verliebte Magister seine kleine Wilhelmine gewählt haben, wenn nicht das feindliche Ungefähr und der hämische Neid den Unentschlossenen überrascht und vier lange Jahre seine Liebe getäuscht hätten.

Ein Spürhund der Liebe, ein leichtfertiger Page, der einst in seinem Müssiggange diese ländliche Venus erblickte, prahlte so laut mit seiner Entdeckung, daß sein verliebtes Geschwätz durch fünfzig Thüren in die Ohren des aufmerksamen Hofmarschalls erklang, der sogleich den sultanischen Entschluß faßte; mit den Reizen der holden Wilhelmine den Hofstaat zu verschönern, und sie dem unsaubern Dorfe und der List eines Pagen zu entziehen. Wenn die weibliche Aelster in der Mitte des Weinberges eine volle Traube entdeckt, die, von hundert Blättern beschützt, die letzte Zeit ihrer Reife erlangt hat, so erweckt oft dies prophetische Geschrei bei dem reisenden Handwerksmann ein durstiges Nachdenken. — Er ersteigt den Weinberg und entzieht dem Stocke und der verjagten Schwätzerin die vortrefflichsten Beeren.

Der entschlossene Hofmarschall fuhr, von der Kabale, seiner beständigen Schutzgöttin, begleitet, in hoher Person zu Niklas, dem Verwalter, übersah mit geschwind forschenden Blicken die Schönheit des verschämten Landmädchens, und es währte nicht lange, so hatte er seine großmütige Absicht eröffnet. „Ich will", sagte er freundlich zu dem Alten, „Eure schöne Tochter in den glänzenden Posten einer fürstlichen Kammerjungfer erheben; dies ist die Ursache meines Besuchs".

Betäubt von den höflichen Reden des vornehmen Herrn stand der alte Verwalter vor ihm, strich ungeschickt mit dem Fuß aus und fühlte ängstlich seine Verwirrung. Der feine Hofmarschall ließ ihm Zeit, Athem zu holen und versuchte indeß mit Wilhelminen zu sprechen, aber die Schöne verstummte, blinzte mit den Augen und ihr Blödsinn zeigte ihm eine so weiße Reihe von Zähnen, wie sie ihm noch nie die vornehme Sucht, zu gefallen, in dem langen Laufe seines Lebens verrieth. Die

Verlegenheit der Tochter weckte zuletzt den Alten aus seiner Betäubung. Er nahm stotternd das Wort, und als Vater gebot er der Schönen, sie sollte, weil einmal ihr gutes Glück es verlangte, zur Reise nach Hof sich geschickt machen; und über den gütigen Herrn schüttete seine schwere Zunge tausend unvollendete Wünsche und abgebrochene Danksagungen aus, und beredtere Thränen strömten von seinen bleichen Wangen herunter. Damals waren noch zwanzig Minuten genug, die Schöne in ihren besten Putz zu kleiden. Alsdann hob sie der vergoldete Herr in seinen glänzenden Wagen, setzte sich neben ihr und ließ die seidenen Vorhänge herunter. Darauf jagten sechs wiehernde Hengste durch die Reihen unzähliger Bauern, denen das starre Erstaunen die weiten Mäuler geöffnet. Und seit dieser trüben Stunde ward das welkende Herz des Pastors von keinem Strahle der Freude erwärmt, und nur in der letzten Nacht des kritischen Jahres erblickt' er zum ersten Mal wieder die tröstende Hoffnung.

Zweiter Gesang.

Die neue Sonne rollte den jungen Tag des Jahres herauf. Ihr ungewohnter Blick übersah schüchtern die Planeten, die sie bescheinen sollte, und nun wandte sie auch ihr unschuldiges Gesicht zu unserer Erdkugel. Ein Heer vorausbezahlter Gratulanten jauchzt ihr entgegen, andre, unglücklicher, zerrissen das Neujahrsgedicht, seit dem frostigen September geschmiedet; denn ihr alter Mäcen ist den letzten heiligen Abend gestorben, und hinterläßt geizige Erben, die den Apoll sammt den Musen verachten und ungeheißene Arbeiten niemals großmüthig belohnen. Verjährte Rechte, drohende Wechselbriefe, erfüllte Hoffnungen und erseufzte Majorennitäten drängten sich auf den Strahlen des neuen Lichts in das beunruhigte Herz des erwachten Sterblichen. Aber friedliebend und sanft wirkt sie, die mächtige Sonne, auf die Felsenherzen der Großen und in die morschen Gebeine der Helden, die jetzt, voller Neigung zur Ruhe, sich beschwerlich von ihren Lagern erheben, um ihre Wunden verbinden und die Merkmale ihrer Tapferkeit vernähen zu lassen. Stolz auf ihr Elend, behängen sie den krüppeligen Körper mit den bunten Zeichen des gnädigen Spottes der Fürsten, mit dem theuern Spielwerke von Kreuzen und Bändern; und die Empfindung ihres Heldenlebens wüthet in jeglicher Nerve. Betäubt von den murrenden Wünschen der Thorheit und von den lauten Seufzern des Unglücks stand die Sonne in wehmüthiger Schönheit am Himmel, fürchtete sich, länger herabzuschauen und versteckte sich oft hinter ein trübes Gewölke. So steht ein blühendes, unschuldiges Mädchen, zu arm, ihr junges Leben zu erhalten, vor der versammelten Schule der Maler, und verräth die geheimsten Schönheiten der Natur, für einen geringen, unbilligen Preis, der Betrachtung der Kunst. In schamhafter Einfalt versteckt sie ihre mächtigen Augen hinter eine ihrer jungfräulichen Hände, indem sie mit der andern das letzte neidische Gewand von sich legt, das ihre Reize verbarg, und nun — ängstlich erwartet sie nun den Verlauf der verkauften Stunde. Die geschicktesten Jünglinge zittern bei dem Anblicke der unverhüllten, schönen Natur, und ihre sonst gewisse Hand zeichnet Fehler auf das gespannte Papier. Der minderjährige Knabe allein übertrifft hier seinen Meister; denn in seinem kleinen, noch fühllosen Herzen liegen jene sympathetischen Triebe unentwickelt, und seine Hand lernt eher der Kunst, als jenes der Liebe gehorchen. Und der voll Hoffnung erwachte Pfarrherr ging in der Frühe zu Niklas, dem Verwalter, wünschte ihm ein fröhliches neues Jahr und ließ sich wieder eins wünschen; dann erzählte er ihm seinen nächtlichen Traum bündig und kurz — denn die gebietenden Glocken hatten schon zum dritten Mal geläutet, und die gepuzte Gemeinde sah sehnlich ihrem Herrn Pastor mit seinem Neujahrswunsche entgegen. Ach, wie fröhlich klopfte nicht Niklas dem Herrn Magister die Achsel, und zweifelte gar nicht an der Erfüllung des Traumes. Hurtig bestellt' er die Küche, damit sie, zur Ehre eines solchen Besuchs, viele schmackhafte Gerichte den Mittag zu liefern vermöchte. Er bat auch den werthesten Träumer zur Tafel und ging an seiner rechten Seite mit ihm vertraulich zur Kirche. Der künftige Herr Schwiegersohn hielt eine erbauliche Predigt, bis unter Singen und Beten die Mittagssonne hervortrat. Schon eilte die buntschäckige Gemeinde mit gesättigter Seele und hungrigem Magen nach Hause, als der erwartete Wagen zur Höhe des Dorfs hereinschimmerte. Mit weiten Schritten und fliegendem Mantel eilte der hagere Magister den sechs Schimmeln zuvorzukommen, um seine Schöne aus dem Wagen zu heben. Keichend schmält' er auf sich, daß er so lange gepredigt, aber dennoch überholt' er die rollende Kutsche, und empfing die holde Wilhelmine an der Thür ihrer vormaligen Wohnung. Von dem Zuruf ihrer herzugelaufenen Bekannten begrüßt, reichte sie, nicht mehr eine Nymphe des Dorfs, ihrem unerkannten Liebhaber die Hand mit kostbaren Ringen geziert, und sagte höflich zu ihm: Wie geht es, werther Herr Pastor?

Darauf umarmte sie ihren alten, weinenden Vater, der vor der Hofstimme der Tochter erschrak, und nicht wußte, ob er mit seiner bäuerischen Sprache ihre Ohren beleidigen dürfte. Noch scheuer und in einem unaufhörlichen Bücklinge stand ihr Liebhaber vor ihr und hustete immer und sprach — nichts. Lange getraute er sich auch nicht, sie anzublicken, denn ihr hüpfender Busen, von keinem ländlichen Halstuche bedeckt, war ein zu ungewöhnlicher Anblick für ihn, und setzte seine Nerven in ein fieberhaftes Erzittern. Mit zufried'nem Mitleiden beobachtete Wilhelmine den Einfluß ihrer Person, und riß endlich Vater und Liebhaber aus ihrer Betäubung. Ihre harmonische Stimme bildete manche vertraute Erzählung, bald von den Freuden des Hofs, von englischen Tänzen und überirdischen Opern, und von den unnützen Verfolgungen ihrer lächerlichen Amanten; bald aber auch bejammerte sie mit nachdenkender Stimme den steten Wechsel des Hofs und den Ekel, der, ein unermüdeter Verfolger aller rauschenden Ergötzungen, hinterlistig dem taumelnden Höflinge nachschleicht — und da wünschte sie sich — welch ein Vergnügen für den horchenden Priester — einst wieder mit Ehren zur glücklichen Stille des Landes zurück. Unter diesen anmuthigen Gesprächen, wovon meine Muse nicht die Hälfte verräth, setzte sich diese liebe Gesellschaft vertraulich und ohne Gebet zu Tische. Erschrocken dachte zwar der Magister daran, doch durft' er es jetzo nicht wagen, sich wider die Gewohnheiten des Hofs zu empören. Um das Mittagsmahl zu verherrlichen, hatte die schöne Tochter des Hauses vier Flaschen des köstlichsten Weins mitgebracht. — Sie öffnete eine davon, und schenkte mit wohlthätigen Händen ihrem Liebhaber und Vater schäumende Gläser ein. Lange besah der Magister das unbekannte Getränke, kostete es mit der Miene des Kenners und ließ doch sein Feuer verrauchen! Endlich fragt' er pedantisch: — Liebe Mamsell, für was kann ich das eigentlich trinken? Lächelnd antwortete sie: Es ist von unserm Burgunder. Nach ihm setzte man auch eine langhalsige Flasche des still scheinenden bleichen Champagners auf die Tafel. Schon ganz freundlich durch den Burgunder, reichte sie der Magister den befehlenden Händen der Schönen, aber er wäre bald vor Schrecken versunken, als der betrügerische Wein den Stöpsel an die Wand schmiß; und wie der vogelfreie Spion, der sich einsam und sicher in dem Walde geglaubt hat, durch den Mörser eines feindlichen Hinterhalts aus seiner Ruhe geschreckt wird — so betäubte der schreckliche Knall die Ohren des zitternden Pastors. Erst auf langes Zureden und hundert Betheurungen der Schönen, trank er den tückischen Wein, und empfand bald dessen feurige Wirkung; denn nun öffnete der laute Scherz und der wiederkehrende Witz seine geistigen Lippen — Antithesen und Wortspiele jagten einander, und da gewann er auf einmal den ganzen

Beifall der artigen Wilhelmine, wie ihm sein wahrhafter Traum vorher verkündigt hatte. Jetzt erschrak er nicht mehr vor dem erhabenen Busen; den er selbst belebender fand, als den brausenden Champagner. Dreimal hatt' er mit lüsternen Augen hingeschielt, da ward er so dreist und wagte es, von dem alten Verwalter unterstützt, das Herz der englischen Kammerjungfer zu bestürmen. So viel Waffen der Liebe, als nur seine unerfahrne Hand regieren konnte, so viel zärtliche Blicke, so ein gefälliges Lächeln, als ihm nur zu Gebote stehen wollte, verwendete er auf die Hoffnung einer geschwinden Eroberung. Welch eine Verschwendung von süßen, rührenden Worten! Erstaunt sah Wilhelmine ihren dringenden Feind an, und dreimal wankte sie — aber ein geheimer Stolz und die Rücksicht auf den prächtigen Hof erhielt sie noch, bis ihr endlich Vater und Liebhaber, immer einander unterbrechend, das Wunder des Traums entdeckten — denn da erkannte sie selbst in Allem die sichtbaren Wege des Himmels und ihren Beruf, und durch die Beredsamkeit des Pastors belehrt, entfernte sie allen Zwang des Hofs von ihren offenherzigen Lippen. „Wohlan!" sagte sie, nachdem sie in einer kleinen, freundlichen Pause die Beschwerden und die Vortheile des Hymen gegen einander gehalten und noch die reife Ueberlegung auf ihrer hohen Stirne saß — „wohlan! ich unterwerfe mich den Befehlen meines Schicksals; ja, ich will selbst mit Vergnügen das unruhige

Leben des Hofs mit den stillen Freuden meines Geburtsorts vertauschen, und da Sie mich einmal lieben, Herr Pastor, so würd' es unzeitig seyn, spröde zu thun — ich sehe die Ungeduld Ihrer Neigung auf Ihrem Gesichte! Kommen Sie her, mein Geliebter, und" — welch ein Triumph für einen Unerfahrnen, der nie den Ovid und das System einer versuchten, klugen Lenclos gelesen — "küssen Sie mich, und nehmen Sie zum Zeichen unserer Versprechung diesen Ring an!" Und mit unaussprechlichem Vergnügen kam der schwerfällige Liebhaber gestolpert — küßte sie dreimal und machte es zur Probe recht artig. Sie steckt' ihm einen Demant, in Form eines flammenden Herzens, an das kleinste Glied seines Fingers, und er — welch ein Tausch, hält' ihn nicht die duldende Liebe gerechtfertigt, überreichte ihr einen ziegelfarb'nen Karneol, worin ein Anker gegraben war. Nun brachte jede Minute neuen Zuwachs von Liebe und Vertrauen in ihre verbundene Gesellschaft, und frohe Gespräche von ihrer baldigen Hochzeit beschäftigten ihre unermüdeten Lippen. — Da sagte Wilhelmine diese merkwürdigen Worte: "Morgen, wenn die Göttin der Kabale auf den feuchten balsamischen Wolken des dampfenden Thees, nachdenkend, an den kostbaren Plafonds herumzieht und ihre Anbeter ermuntert, und wenn die eigensinnige Göttin der Mode ihren Liebling, den Schneider, zu wichtigen Konferenzen der Staatsräthe geleitet, oder, damit Sie mich deutlich verstehen: Morgen, wenn es früh Zehn geschlagen, da rüsten Sie sich, mein Geliebter, und machen Sie Ihre schuldige Aufwartung bei unserm Hofmarschall; bitten Sie ihn in demüthiger Stellung um die Erlaubniß zu meiner baldigen Heirath! Ich selbst will ihn noch heute zu diesem Ihrem Besuche bereiten, und so werden Sie dann Morgen gar keine Schwierigkeit finden. Er ist der beste Herr von der Welt; und wenn meine Bitten, wie ich aus guten Gründen mir schmeichle, etwas bei ihm vermögen, so geben Sie Acht! — so soll er selbst bei unserer Hochzeit erscheinen und durch seine ehrende Gegenwart unser Fest glänzender machen. Jetzt aber theilen Sie, ohne Komplimente, den Sitz in meinem zweisitzigen Wagen, damit Ihnen der Weg nach einem fürstlichen Hause nicht eben so sauer ankommen möge, als der benebelte Steinweg zu ihrem Filiale!" Zärtlich und süß versprach der gehorsame Liebhaber, ihr in Allem zu folgen, und an der Hand seiner Geliebten verließ er jetzt sein trauriges Kirchspiel.

Noch halb berauscht von dem Besuche seiner Tochter und dem seltenen Weine, den er bei vollen Gläsern getrunken, ging nun der alte Verwalter aus, sein häusliches Glück den Gevattern und der Versammlung der Schenke zu verkündigen. Wie schien sich doch Alles zur Feier dieses seines glücklichen Tages zu verbinden! Er hörte schon von Weitem den Schall einer muthigen Fiedel. In der Freude seines Herzens vergaß er sein Alter und

tanzte mit Jauchzen der harmonischen Schenke entgegen. Ein ungewöhnlicher Schimmer umleuchtete
heute die rußigen Wände, — denn das Schicksal
vergönnte diesen Abend den fröhlichen Bauern ein
seltenes Vergnügen. Die Schauspielerkunst war
vor Kurzem mit allem dem Pomp ihrer ersten Empfindung eingezogen. Welch ein frohes Getümmel!
Welch eine Lust! Ein vielstimmiger Mann schwebte
wie Jupiter unsichtbar über einer lärmenden, thörichten Welt, senkte mit seiner Rechten ganze tra-
gische Jahrhunderte, und regierte mit gegenwärtigem Geiste die schrecklichsten Begebenheiten und
Veränderungen der Dinge, über welche die wei-
sesten Menschen erstaunen. Jetzt sah man hoch-
müthige Städte, wie sie sich über Dörfer erheben,
— und augenblicklich darauf eingeäschert oder in
einem Erdbeben versunken; Rom und Karthago;
Troja und Lissabon wurden zerstört, und der Hel-
lespont schlug über ihre stolzen Thürme seine Wellen zusammen. Was hilft es euch, ihr Tyrannen,
daß ihr über Länder geherrscht, arme Bauern gedrückt und Nationen elend gemacht habt? Denkt
ihr wohl der Strafe des Zeus zu entfliehen? Ja,
da sieht man's — Hier liegt nun der grausame
Nero in seinem Blute, und wird von seinen eigenen Grenadieren zertreten! Bald wird es auch an
dich kommen, du übermüthiger Mann, Heliogaba-
lus! Pompejus! oder wie du sonst heißen magst.
Seht nur, wie stolz er einhergeht und alle Leute
verachtet, aber Jupiter winkt — und nun wird er

unter Donner und Blitzen von den Saracenen ermordet. Doch wer kann sie alle zählen, die Wütheriche, die hier fallen; und wo wollt' ich Worte hernehmen, die blutigen Scenen zu beschreiben, die die gerührten Zuschauer mit lautem Lachen beehren? Jetzt sah man auch das bedrängte Friedrichshall von Karl dem Zwölften belagert! Schon war die Pistole gespannt, die diesem schrecklichen Helden das Leben endigen sollte — und schon wurden die Laufgräben geöffnet, und Alles war voller Erwartung, als — der alte Verwalter hereintrat. Bei seiner längst gewünschten Ankunft verstummte die Fiedel. Die große Versammlung der Zuschauer hob sich von ihrem Sitze, schmiß eine allgemeine Bank um, und grüßte freundlich den Alten — eine Ehre, die vor ihm noch kein Sterblicher genoß — als nur der ehrwürdige Cato — und die vielleicht nach ihm keiner wieder genießen wird! Dieser Zufall schob die Belagerung auf — eine glückliche Pause für Karln! und selbst der Regierer der Welt stieg jetzt in seinen Kothurnen von dem hohen Sitze des Olymps herunter, und ein ernsthaftes Stillschweigen der ganzen Natur forderte den Alten auf, seine glückliche Geschichte zu erzählen. Er that es mit vertraulicher Beredsamkeit, und man hörte ihm zu mit sichtbarem Erstaunen, und stemmte die Hände in die Seiten und schüttelte mit bedenklichen Mienen die Köpfe.

Indessen waren die beiden Verliebten nach drei kurzen hinweg geplauderten Stunden in den Mauern der Residenz. Der ehrwürdige Fremde begab sich unter den Schutz des wirthbaren Hirsches, und Braut und Bräutigam trennten sich hier auf ein glückliches Wiedersehen mit höchst zärtlichen Küssen. Welche triumphirende Freude durchströmte nicht jetzt das Herz des verliebten Magisters, als er sich, seinen Betrachtungen überlassen, in dem weiten Zimmer des Gasthofs allein sah! — Eine ganz andere Empfindung seines Glücks, als er selbst an dem vergnügten Tage seines überstandenen Examens nicht gefühlt hatte! Denn damals machte der Präsident seinem stotternden Geschwätze durch ein ungehofftes Beue ein freudiges Ende, und die gelehrten Herren Beisitzer widersprachen ihm nicht. Sollten sie etwa durch lange Untersuchungen sich um die kurzen Lustbarkeiten der Messe und den schwitzenden Kandidaten um's Amt bringen? O nein! Aus Menschenliebe hofften sie, er würde es schon löblich verwalten, und sie überließen die Seelen der Bauern seiner Treue und Gottes Barmherzigkeit. Mit mehrem Recht freute er sich jetzt, und schmeichelhaft fragt' er sich: Ist es nicht dein eignes Verdienst, das sprödeste Mädchen in einem Nachmittage besiegt zu haben? Wie wohl that ich, daß ich meinem prophetischen Traume folgte, mich so dreist und munter bezeigte, wie die vornehme Welt es verlangt. Ach, welch eine Liebe für mich muß nicht in der Brust meiner Wilhelmine erwacht seyn, da sie sich so eilig entschließt, den prächtigen Hof zu verlassen, um einem armen

Dorfprediger zu folgen, dessen altfränkische Wohnung — wer weiß wie manche Reformation überlebt hat.

Schon tönte der Wächter seinen letzten Nachtgesang in einem tiefen, verunglückten Baß — hüllte sich in seinen Schafpelz und beurlaubte sich von der Stadt. In gehöriger Entfernung schlichen die Spötter seiner Aufsicht, die glücklichen Diebe, ihm nach, weckten den Thorschreiber auf, und erreichten bald das sichere Gehölze, und am Horizont fing schon der Tag an zu grauen, eh' unser Verliebter einschlafen konnte. Wie war es auch möglich? Auf allen Seiten verfolgten ihn Unruh' und Schrecken. Gleich höllischen Gespenstern rasselt' unter ihm mit Ketten der böhmische Fuhrmann; doch Gedanken der Liebe machten noch einen größern Tumult in seinem zerrütteten Herzen. Aus Mattigkeit fiel er endlich in die Arme des Schlafs. — Doch auch der Schlaf eines Verliebten ist Unruh'; denn sobald er das Bellen der Hunde und das Rasen des Windes nicht mehr so deutlich vernahm, so bemächtigten ängstliche Ahnungen sich seines Gefühls. Bald träumt' er — seine berauschte Seele erhöhe sich über die Sonne und begrüße unbekannte Gefilde. — Dann glaubte er wieder in einen bodenlosen Abgrund zu stürzen — schrie, sträubte sich — stieß sich an den unruhigen Kopf und erwachte in einem plötzlichen Schrecken. So steigt ein lustiger Schwärmer durch die dunkle Nacht in einem Wirbel empor — wirft freundliche

Sternchen von sich und brauset unter Wolken; bald darauf sinkt er — nun sinkt er — endet sein kurzes Geräusch, und zerplatzt mit einem lächerlichen Knall.

Dritter Gesang.

In einer prächtigen Winternacht war heute die Sonne dem Erdball erschienen; ihr Einfluß hatte die lebenden Geschöpfe der Welt schon alle aus dem Schlafe geweckt, wenn ich in Savoyen die Murmelthiere und in Deutschland die Mädchen ausnehme, welche die Mode erzieht; sogar die berühmten Schläfer der Residenz, alle Hofjunker und Staatsräthe, waren erwacht, hatten nun ausgegähnt und fingen an, ihren erhabenen Trieb nach Geschäften zu fühlen; denn einige verschluckten schon levantischen Kaffee und blätterten im Herren und Diener*), oder bezeichneten, um nach vollbrachtem Tage wieder zu lesen, dankbar die rührende Stelle, bei der ihnen den Abend vorher — die Gedanken in Schlaf übergingen. Mit edlem Eifer übten sich andere im Stillen, die Zahlen der

---
*) Eine Schrift Möser's.

Würfel zu lenken, oder durch geschwinde Volten (ein mystisches Wort) sich über allen Wechsel des Glücks zu erheben. Die von flüchtigerm Geblüte flatterten schon über das Pflaster, um die blassen Fräulein an der Toilette zu besuchen, und ihnen durch mächtige Scherze rothe Wangen zu schaffen. Aber noch immer schnarchte der müde Magister; ja, er würde gewiß den Endzweck seiner Reise, den so wichtigen Besuch bei dem Hofmarschall, verschlafen haben, hätte ihn nicht die käuflische Stimme eines bärtigen Juden erschreckt, der dreimal schon vergebens an die Stubenthür klopfte.

Haben Sie etwas zu schachern, schrie der Hebräer gewaltig hinein, daß die Fenster erklangen, und der betäubte Magister in die Höhe fuhr. Der Ungläubige floh — erschrocken sah der schläfrige Christ nach seiner tombacknen Uhr, erstaunte, daß es so spät war, und warf sich schleunig in seinen bepuderten Schwarzrock. Halb träumend lief er über die Gassen und ohne Vorbereitung den Komplimenten des Hofmarschalls entgegen. Aber welche Muse beschreibt mir den Einzug des frommen Pedanten in das vergoldete Zimmer des glänzenden Weltmanns? In einem Schlafrock von Stoffe empfing er den Pastor mit offener Stirne und satyrischer Miene, die sein schlauer Diener verstand, der hinter dem Rücken des armen Magisters die galante Falschheit wiederlächelnd bewunderte. Mit Husten und Scharrfüßen suchte der Supplikant den Eingang zur Rede;

aber als Ceremonienmeister trat der bellende Melampus ihm entgegen — nöthigte ihn stille zu stehen, und zerstreuete die hervorquellenden Worte, daß sie ungehört vom Hofmarschall sich in den Spiegeln zerstießen, und ihr Wiederhall den bebenden Pfarrherrn in Angst und Schrecken versetzte. Endlich legte des Hofmanns mächtige Stimme dem ergrimmten Cerberus Stillschweigen auf. — Gehorsam kroch er zu den Füßen seines Herrn, und leckte schmeichelnd den saffianenen Pantoffel. Darauf wandte sich die Rede zu dem immer sich bückenden Verliebten: „Ich weiß schon Ihr Anbringen, lieber Herr Pastor, ist es nicht wahr? Sie wollen uns unsere Wilhelmine entziehen? das schönste und ehrlichste Mädchen in diesem ganzen Gebiete! Habe ich es nicht errathen, Herr Pastor? Schon gestern hat sie mir selbst Ihre Lieb' eröffnet, und mit verschämtem Gesichte um den glücklichen Abschied gebeten. — Wohlan! Ich werde kein Hinderniß Ihrer Neigung und bescheidenen Bitte in den Weg legen, wenn Sie mir anders eine kleine Bedingung versprechen — werden Sie nicht unruhig, Herr Pastor! Es hat mich unsere Wilhelmine gebeten, morgen selbst bei Ihrer Hochzeit zu erscheinen. — Mit Vergnügen will ich auch kommen, und will selbst eine Gesellschaft versammeln, die Ihren Ehrentag glänzender machen wird, als eine Kirchmeß — eine Gesellschaft, die meinem Stande gemäß ist — wenn Sie — denn dies sey die Bedingung —

wenn Sie die Tochter des alten Grafen von Nimmer vermögen, dieses Fest zu beleben. Er — der Ihr Nachbar ist, und oft vor Ihrer Kanzel erscheinet, wird sich nicht weigern, seine holde Klarisse auf die Hochzeit eines erbaulichen Predigers fahren zu lassen. — Der Komtesse aber sagen Sie heimlich: Ich würde dabei seyn. Auf meinen Befehl, der über die fürstliche Küche gebietet, sollen alsdann hundert fette Gerichte Ihre hochzeitliche Tafel schmücken und Madera — Rheinwein — Champagner und ächter Eremitage sollen in solchem Ueberfluß fließen, wie an dem Hofe eines geistlichen Fürsten".

Wie vergnügt hörte nicht der Verliebte diese freundlichen Reden. — Gern und ohne Anstand versprach er diesen leichten Befehlen zu folgen, um sich der hohen Ehre und Gnade würdig zu machen. Darauf nahm er Abschied und schnappte nach dem Zipfel des Schlafrocks; aber mit höflichen, geübten Händen schlug der Hofmarschall beide Theile zurück, strich mit dem Fuße aus und empfahl sich dem Pastor Sebaldus. Bald nach ihm trat Wilhelmine herein und brachte ihrem gnädigen Gönner Chokolade mit perlendem Schaume; da gab ihr der Marschall das Dokument ihrer Tugend, den ehrlichsten Abschied, sauber auf Pergament geschrieben, und siehe da! welche großmüthige Gnade! Er umarmte sie mit gefälligen Händen und küßte sie zärtlich. Eine ganze Sapphische

Empfindung strömte durch ihr dankbares Herz, und trieb ihren wallenden Busen empor, daß der blaßrothe Atlas zu knistern anfing, der ihn weit unter der Hälfte umspannte. Ach, welch ein reizender Busen! O scherzhafte Muse beschreib' ihn! Auf seiner linken Erhöhung lag ein mondförmiges Schönfleckchen, angeheftet durch Gummi, von dem ein kleiner Liebesgott immer mit drolligten Referenzen die Blicke der Grafen und Läufer — Lakaien und Freiherren auf sich zog. Aber jetzt erhob sich dreimal die warme bebende Brust und trennte die gedörrte Musche von Gummi. Der kleine Liebesgott — mit sammt seinem Gerüste, fiel — zwischen der Schnürbrust hinunter, daß die Schöne schrie und der ernsthafte Hofmarschall wirklich zu lachen anfing. So fällt ein prahlender Zahnarzt unter die morschen Trümmer seines Theaters, indem er mit stampfender Beredsamkeit dem Pöbel winkt, sein Rattenpulver zu kaufen. Sein erbärmlich Geschrei und das laute Lachen des Volks betäuben den Jahrmarkt, wenn ihn nun aus dem theuern Schutte sein buntschäckigter Diener hervorzieht.

Mit einer bedeutenden Röthe rauschte bald die schöne Verlobte in die Versammlung der übrigen Zofen des Hofs, die schon ihre glühenden Wangen beneiden, aber Wilhelmine vollendet ihrer Aller Verzweiflung, als sie ihnen den papiernen Triumph zeigt, den sie jetzt vom Hofmarschall erhalten. Aeußerlich klagen sie zwar ihre verkaufte

Gespielin: „Ach, Du armes, verblendetes Mädchen! So willst Du denn, fern von Deinem verbrämten Amanten, in der Einöde des Landes Dein junges Leben verseufzen — und nur von Bauern bewundert, den stolzen Busen erheben? So willst Du denn in einer dunkeln, geistlichen Hütte als Frau Magisterin wirthschaften? Ach, Du armes, verblendetes Mädchen!"

So klagten alle die Zofen den Abschied der erweichten Wilhelmine, aber heimlich wünschte sich jede, bald auch so beweint zu werden und in den sichern Armen des weiblichen Schutzgottes, des Hymen, den Wechsel des falschen Hofes zu verlachen.

Vierter Gesang.

Auf den Uhren war schon der Mittag vorüber, aber in den Häusern der Großen brach er erst mit festlichem Pomp aus der Küche hervor — Hekatomben rauchten ihm — denn die mittägliche Sonne hat noch nicht ihre Anbeter verloren. — Mit mehrem Eifer, als wohl jemals ein ägyptischer Priester gehabt, feiern sie täglich ihr Fest mit sonnenrothen Gesichtern, bis das wohlthätige Licht den Kreis verläßt und nun die stille Venus vom nächtlichen Himmel herabblinkt, da erhub der gesättigte Pfarrherr seine gestiefelten Beine, und trat mit zerstreuten Gedanken seinen bestimmten, zwei Meilen langen Weg an. Die Alles vermögende Liebe hatt' jetzt den Magister zu einem gemeinsamen Botenläufer erniedrigt, und er mußte, welche sonderbare Bedingung! als sein eigner Hochzeitbitter, noch ein zweites Jawort erbetteln, ehe sie ihn glücklich zu machen versprach. Der hochbeschneiete Weg ermüdete seine Knie, und die duftende Kälte kandirte seinen schwarzen Bart, und bracht' ihm Zahnweh. Aber noch ein größeres Uebel als Zahnweh und Müdigkeit, lauerte in dem nahen Walde auf ihn. Welcher boshafte Genius war es, der in Gestalt eines Holzhackers dem Priester entgegen kam? Ein unschuldiges, unbekümmertes Gesicht, die Larve der Heuchelei, betrogen den heiligen Wanderer. „Guter Freund", redete er ihn vertraulich an, „sagt mir doch, ist dieses die rechte Straße nach Rennsdorf, dem Rittersitze des alten Grafen von Nimmer?" Ehrerbietig nahm jetzt der Boshafte vor dem Pastor den Hut ab und sagte: „Wer Sie auch sind — ehrwürdiger lieber Herr, so beklage ich Sie doch herzlich; denn dieser falsche Holzweg, auf welchem Sie wandeln, wird Sie weit von Rennsdorf ablecken, und wenn endlich die Schrecknisse der Nacht über diese Haide sich verbreiten, so müssen Sie Ihren ermüdeten Körper einer abgelegenen Schenke — einer Spitzbubenherberge, vertrauen". Da schlug der erschrockene Magister seine haarigten Fäuste zusammen. Lieber würd' er auf einem Ameisenhaufen geschlafen, oder, wie ein Zigeuner, den Anbruch seines Hochzeitfestes in einer hohlen Weide erwartet haben, als daß er einer Schenke das Vorrecht gegönnt hätte, seine geweiheten Glieder zu bedecken. „O mein Freund", rief er, „den mir noch zu rechter Zeit ein guter Engel entgegen schickt, ach, entfernt mich doch eilig von diesem Fußsteige, der meine Gebeine umsonst ermüdet, und zeigt mir den richtigen Weg, und nehmt im Voraus für Eure Bemühung ein dankbares Trinkgeld an". Hier zog er, gleich einer alchymistischen Phiole, einen langen Beutel heraus, der in der Farbe der Hoffnung künstlich gestrickt war. Ein billiger Zwischenraum schied dreißig Ephraimiter von einer goldenen Madonna. Ihres innern Werthes gewiß, erwartete sie ruhig ihr verzögerndes Schicksal, da sich indeß der jüdische Haufe mit Geräusch bis an die Mündung des Beutels drängte, um bald erlöset zu werden, um in einem ungewissen Kurse betrügerisch zu wuchern. Doch — indem noch der Pastor die großmüthige Belohnung und das Verdienst eines Wegweisers berechnet, so verschwindet Baarschaft — Taglöhner und Beutel, und der Gott der Kaufleute und Diebe verbirgt den Raub und den hurtigen Räuber in den Finsternissen des

Waldes. Nun erfüllte eine lange unharmonische Klage des armen Magisters die Lüfte: „O du treuloser Verräther", so schrie er, „wenn du auch — der du einen Priester beraubet, dem Dreiangel des Galgens, der Kuhhaut und den glühenden Zangen entfliehst — so wird dich doch dein böses Gewissen und mein Fluch verfolgen, daß, wenn das eiskalte Fieber deine Glieder zerrüttet, dir keine bittere Essenz und kein Kirchengebet helfen soll, wenn du es auch mit einem Gulden bezahltest. Ohne Ernst und Andacht und in dem gleichgültigen Tone gesprochen, in dem wir oft für den Römischen Kaiser und alle weltliche Obrigkeiten beten, wird es in der Atmosphäre der Kanzel zerflattern". — So schrie er und erholte sich langsam unter einer überhangenden Eiche. Ungewiß durch die Lügen des Räubers, ob dies der rechte Weg sey, überließ er sich mit nagender Furcht seinem Verhängniß, doch die tröstende Liebe leitete seine zweifelhaften Füße durch die finstere Nacht glücklich in das labyrinthische Schloß des Grafen. Der zeitige Schlaf und ein süßer Traum von einem Kapaune mit Austern beherrschten schon den alten Gerichtsherrn, und es schliefen auch schon seine alten Bedienten, ob es gleich erst Neune geschlagen. Des ankommenden Fremdlings ehrwürdige Krause flößte dem Wächter des Hofes die schuldige Achtung ein, daß er ihn, nachdem er sein Verlangen erforscht, bis an die Stube der jungen Gräfin begleitete. Mit ihrer vertrauten Zofe, Sibyſſe genannt, ſaß die muntere Komteſſe, den einen ihrer niedlichen Arme auf ihre verſchobene Tollette gelehnt, und hielt in der andern einen vergoldeten zärtlichen Brief, den ſie erſt jetzt an den Hofmarſchall, ihren Geliebten, geſchrieben. Sie las ihn mit gedämpfter Stimme ihrer kritiſchen Freundin vor, die aufmerkſam zuzuhören-ſchien, und unmerklich nur gähnte. Aber wer kann das Schrecken beſchreiben, das dieſe zwei weiblichen Seelen ergriff, als der gekrümmte Zeigefinger des verſpäteten Paſtors an die Stubenthüre donnerte. Sie glaubten gewiß, ein prophetiſcher Verdacht habe die zänkiſche Gouvernantin erweckt, die wie ein Polizeiverwalter alles Unrecht entdeckte und dem alten Grafen verrieth. Mit angenommener Freimüthigkeit gebot die betroffene Komteſſe ihrer Zofe, die verſchloſſene Kammerthüre hurtig zu öffnen; doch ihr furchtſamer Wink widerſprach ihrem Befehle. — Die kluge Sibylle verſtand ihn, ging langſam zu Werke, klapperte ſcheinbar an der Thüre, und ſchmälte entſetzlich auf das ſtrenge, verroſtete Schloß, da indeß ihre Gebieterin die nöthige Zeit gewann, mit Eau de Levante ihre Hände zu waſchen, die hier und da von der verrätheriſchen Dinte noch glänzten, und auch den anklagenden Brief aus dem Wege zu ſchaffen. Mit gegenwärtigem Geiſte, o wie liebenswürdig! ergriff ſie ihn, zerquetſchte ſeinen durchſichtigen Kavalier und das Poſthorn*)

---

*) Die ſonſtigen Zeichen des ſogenannten Kavalier- oder Poſtpapiers.

und warf ihn, klein gedrückt, hurtig unter das Bette; aber wie dauerte sie nicht der wohlgeschriebene Brief, als nur der nachbarliche Herr Pastor zur Kammerthür hereintrat. Einen solchen Wechsel von heftigem Schrecken und stiller Betrübniß empfand einst der freigeistische Desbarreaux, als er sich zur Fastenzeit einen Eierkuchen erlaubte. Schon hatte sein erzkatholischer Diener, blaß wie der Tod, das verbotene Gericht auf die einsame Tafel gesetzt, als ein geschwindes Gewitter am Himmel heraufzog, ein schrecklicher Schlag die näschigte Seele betäubte, und ihm den ersten Bissen im Munde zu Galle verwandelte. Was das für ein Lärmen um einen Eierkuchen ist! schrie er halb unwillig, halb furchtsam; ergriff das rauchende Eisen und warf es im Eifer auf die beregnete Gasse; aber wie dauerte ihn nicht das verlorne gute Gericht, als das Gewitter vorüber ging! Beschämt warf er sich seine zaghafte Eilfertigkeit vor, und quälte auf's Neue den abergläubischen Koch, ihm ein anderes zu backen.

Kaum hatte der kriechende Pfarrherr seine ermüdeten Füße von dem niedrigen Armstuhle gestreckt, und mit gnädiger Erlaubniß die beklemmende Weste geöffnet, so verrichtete er seinen Antrag mit der unnöthigen Vorsicht eines Pedanten. Er lispelte heimlich der Gräfin und ihrer Vertrauten dies anbefohlene Geheimniß in's Ohr: der gnädige Herr Hofmarschall werde dabei seyn

— und keine, nein keine, als die gegenwärtigen Seelen konnten diese mystischen Worte vernehmen.

Welch ein Tiefsinn bedeckte jetzt mit den Fittigen der Mitternacht das Kabinet der schönen Klarisse! Ihre erfindungsreiche Liebe stritt immer mit der schwerfälligen Einsicht des Magisters: doch Beide mußten sich der Erfahrung eines grauen Kammermädchens unterwerfen. Anschläge wurden gefaßt, untersucht und durch neue verdrängt! Lange ging das wichtige Projekt wie ein Würfel im Kreislaufe herum, ehe die ältliche Zofe mit der verschmitzten, hohen Miene eines versuchten Ministers, ihre Gedanken in folgenden klugen Worten entdeckte: „Jetzt, ehrwürdiger Herr, da sich Ihre Augen nach Ruhe sehnen, so hören Sie kürzlich meinen unmaßgeblichen Vorschlag: Meine willige Stimme soll jetzt dem Wächter des Hofes befehlen, daß sein sicheres Geleite Sie den Windhunden vorbei in die Stube führe, die unser Haushofmeister bewohnet. Dieser wird gern eine Nacht sein Bette mit Ihnen theilen, und morgen meldet er Sie bei dem gnädigen Grafen. Dann gehen Sie nur unerschrocken zu dem alten Papa; er wird Ihnen gewiß Ihre Bitte gewähren, denn er liebet Sie von Herzen, und Ihre klagenden Jahrgänge haben seine hypochondrische Brust mit Ehrfurcht für Sie, Herr Pastor, erfüllet. Also schlafen Sie sanft, bis die Morgenröthe Ihre gestärkten Glieder zum fröhlichen Hochzeitfeste erweckt!" Ein gütiger Lobspruch aus dem rosenfarbenen Munde der Gräfin belohnte die Einsicht der Zofe — auch der Magister wollte ihr gern seinen Beifall darüber bezeigen, aber seine Worte verwandelten sich in gähnenden Mißlaut, so daß er zu Hülfe ein beredtes Kopfnicken rief. In wenig Minuten war jeder wichtige Umstand nach Sibyllens Sinne geendet. Der Haushofmeister beherbergte den schnarchenden Magister, und die dunkelbraune Nacht verbarg seine heimliche Ankunft unter ihrem Schleier vor der mißtrauischen Gouvernantin und vor dem murrenden Hofhunde.

Der volle Morgen hatte den hochgebornen Gerichtsherrn erweckt. Jetzt überdenkt er noch im Bette den Zustand seines Magens, und fordert mit schwelgerischer Neugier den frühen Küchenzettel. — Da tritt der Haushofmeister herein und meldet ihm die Beherbergung des verspäteten Pfarrherrn, und wie er jetzt, voll Verlangen, Ihro Gräfliche Gnaden zu sprechen, vor der Kammerthür lauschte. „Je; willkommen, werther Herr Pastor, willkommen!" schrie der Graf dem Verliebten entgegen. Bückend trat dieser vor das Vorhangbette des Grafen, und sein schwerer Athem blies sogleich die hochzeitliche Bitte hervor, die er mit einer Menge von Wünschen beschloß, wozu ihm der Wechsel der Zeit die beste Gelegenheit darbot. Bei starkem, ungeduldigem Herzklopfen wartete er nun, bis der Morgenhusten des stotternden Grafen sich legte, als er auf einmal diese deutliche Antwort vernahm: „O, sehr gern will ich meiner Tochter das Vergnügen erlauben, an Ihrem Ehrentage, lieber Herr Pastor, im schönsten Putze zu glänzen. Der priesterlichen Aufsicht überlassen, ist ihre Tugend sicherer, als unter meinem eigenen Dache. Ja, mein Freund, verlassen Sie sich darauf, sie soll Nachmittags mit sechs rüstigen Pferden vor Ihrer Hausthüre erscheinen, und das Hochzeitgeschenk will ich selber besorgen. Damit aber auch Sie, mein Lieber, Sich nicht vor Ihrer nahen Hochzeit ermüden, oder wieder beraubt werden und sich im Walde verirren, so soll meine geschwinde Jagdchaise Sie jetzt Ihren erwartenden Geschäften zurück führen, und meine aufrichtigen Wünsche sollen Ihnen folgen". Da ergriff der entzückte Magister die schwere Hand des Grafen von Nimmer, küßte sie hundertmal und benetzte sie mit Thränen der Freude, die über seinen stachligten Bart herunter rollten, wie ein plötzlicher Sommerregen über die glänzenden Stoppeln der Felder. Wie rechtmäßig war diese Freude, denn nach diesem Orakelspruche endigten sich alle seine Leiden. Halb war nun schon die Bedingung des Hofmarschalls erfüllt, und für die andere Hälfte wird die schöne Klarisse schon sorgen. Mit einem segnenden Komplimente verließ er die Stube des Grafen. An der Treppe lauerte die verschmitzte Sibylle auf ihn, und erforschte den Ausgang der Sache. Mit zwei kurzen Worten entdeckt er ihr die gnädige Erlaubniß seines Patrons; und indem er sich in die Chaise warf, flog die erfreute Zofe zu ihrer Gebieterin. Nun beschäftigte die Wahl eines reizenden Putzes den ganzen Vormittag beide weibliche Herzen, und Alles lag schon in der schönsten Ordnung, ehe der langsame Alte seiner Tochter die Bitte des Bräutigams, und seine eigene väterliche Erlaubniß anzukündigen glaubte. Sie hörte ihn an, als wenn sie von nichts wüßte, und bedankte sich gleichgültig für die vergönnte Spazierfahrt — und leichtfertig erkundigte sie sich nach den übrigen Gästen der priesterlichen Hochzeit; doch der gute Alte wußte ihr keine Nachricht zu geben. „Wer wird dabei seyn", sprach er, „als seine Confratres vom Lande". Indessen klopfte das Herz der jungen Gräfin ungeduldig nach ihrem lieben Hofmarschalle, bis der geschäftige Putz die langen Minuten vertrieb, und ein sanfter Wagen die freundliche Göttin nebst ihrer vielfarbigen Iris aufnahm und zu dem Hofe des traurigen Schlosses hinausflog.

Fünfter Gesang.

Der glücklich angelangte Magister fand seine verrostete Pfarre zu einem Palaste verwandelt, als er hineintrat. Ein Dutzend Bediente seines gnädigen Gönners hatten in seiner Abwesenheit die herkulische Arbeit unternommen, Stuben und Kammern zu säubern, und in der Küche herrschte ein ansehnlicher Koch, dessen eigensinnige Befehle tausend Geräthe verlangten, deren Namen noch nie in diesem Dorfe waren gehört worden. Seine donnernden Flüche flogen in der Küche herum, daß der erschrockene Pfarrherr mit einem Schauer vorbeiging, sich in sein ruhiges Museum setzte und das Gesangbuch zur Hand nahm. Als ein Fremdling in seiner eigenen Behausung, getraute er sich nicht, jetzt von dem vornehmen Koche etwas zu essen zu fordern; lieber versäumte er das Mittagsmahl und tröstete sich politisch mit dem fröhlichen Souper.

Die dritte kritische Stunde des Nachmittags brach an, und lud durch ihren Glanz den Neid des ungebetenen Superintendenten und aller Amtsbrüder auf den Hals des armen Verlobten. Strenge dich an, Muse! und hilf mir das Gewühl der Vornehmen beschreiben, die sich jetzt in das Haus des Pfarrherrn sammelten. Zuerst erschien der lackirte Schlitten des Hofmarschalls an der Spitze vieler andern. Vier deutsche Hengste, chinesisch geschmückt, zogen ihn, und ein vergoldeter Jupiter regierte den schnurrbärtigen Kutscher. — Ein musikalisches Silbergeläute hüpfte auf dem Rücken der Pferde, indem unter ihren stampfenden Füßen die fröhliche Erde davon flog. Schon von ferne erkannte der zitternde Pfarrherr seinen Gönner, und an seiner Rechten die gepuzte Braut. Mit unbedachtsamer Höflichkeit ging er dem fliegenden Schlitten entgegen — aber sein wilder Führer schwang die knallende Peitsche und wendete mit seinen vier Schimmeln im vollen Trabe um, daß der Magister mit verzerrtem Gesicht eilig wieder zurücksprang. Mit majestätischem Anstande stieg nun die einnehmende Wilhelmine von dem sammetnen Sitze, und da verrieth sich zugleich, auf einige süße Augenblicke, für den entzückten Bräutigam ihr kleiner vorgestreckter Fuß bis an die Höhe des seidenen Strumpfbandes, auf welchem mit Pünktchen von Silber ein zärtlicher Vers des Voltaire gestickt war. Ach, wohin weiß doch nicht ein französischer Dichter zu schleichen! Gesteht es nur, ihr Deutschen, bis dahin ist noch keiner von euern größten Geistern gedrungen. Sobald sie ausgestiegen war, umrauschte ein buntfarbiger Stoff diese verdeckten Schönheiten. Eine schneeweiße türkische Feder blähete sich auf ihrem gekräuselten Haare und bog sich neugierig über ihren wallenden Busen, der unter den feinen Spitzen aus Brabant hervorblickte, wie der Mond hinter den Sprößlingen eines jungen Orangenwäldchens. Nach ihr sprang der ansehnliche Hofmarschall unter die Menge der erstaunenden Bauern, die heute Arbeit und Taglohn vergaßen, um das Fest ihres Hirten zu begaffen. Ein gewässertes Band hing schief über dem lazurblauen Sammte seines Kleides; und der milde Einfluß seines Gestirns zeigte sich auf allen Gesichtern, und nöthigte dem unhöflichen Drescher den Hut ab. Alle Blicke wandten sich jetzt einzig auf den gestempelten Herrn — nicht einer fiel mehr auf Wilhelmine. Diese werden wir noch oft, dachten die Bauern, als Frau Magisterin bewundern, aber einen Hofmarschall sieht man nicht alle Tage. So vergißt man das Alles bescheinende Licht des Olymps, wenn eine seltene Nebensonne erscheint, die plötzlich entsteht und verschwindet.

Ein anderer Schlitten, unter dem Zeichen des Mars, der — eine seltsame Erfindung des witzigen Bildhauers — auf einem Ladestock ritt, lieferte zwei aufgedunsene Müssiggänger am Hofe, Kammerherren genannt. Einst hatten sie in ihrer Jugend als hitzige Krieger einen einzigen furchtsamen Räuber verjagt, und sich und dem geängsteten Prinzen das Leben gerettet. Zur Belohnung hatten sie sich dieses unthätige Leben erwählt, genossen einer feistmachenden Pension, erzählten immer die große That ihres Soldatenstandes — und gönnten gern ihre lärmende Gegenwart einem jeglichen Schmause. So lebten einst die Erhalter des Kapitols, jene berühmten Gänse, von den Wohlthaten der dankbaren Römer; ohne Furcht, geschlachtet zu werden, fraßen sie den ausgesuchtesten Weizen von Latiums Feldern für einen wichtigen Dienst, den eine jede andere schnatternde Gans mit eben der Treue verrichtet hätte. Der flüchtige Merkur und vier schnaubende Rappen brachten die pygmäische Figur eines affektirten Kammerjunkers gefahren. Stolz auf einen eingebildeten guten Geschmack, ersetzten seine reichen Kleider den Mangel seines Verstandes. Zuversichtlich besah er heut' eine glänzende Weste, die, wie die weiße Wamme eines drolligten Eichhörnchens, unter seinem rothplüschnen Rocke hervorleuchtete; und fröhlich dacht' er an die Verdienste der weit kostbareren zurück, die sich noch in seiner Garderobe befanden. Ein Paar blitzende Steinschnallen, und eine Dose, von Saint-Martin erschaffen, waren ihm das, was einem rechtschaffenen Manne ein gutes Gewissen ist — sie machten ihn zufrieden mit sich selbst, und dreist in jeder Gesellschaft. Jetzt lief er gebückt in die Pfarre hinein, gebückt, als ob sein kleiner Körper befürchtete, an die altväterische Hausthüre zu stoßen, die gothisches Schnitzwerk verbrämte. Nun aber kam unter der Anführung einer gefälligen Minerva ein einzelner vernünftiger Mann gefahren, der, wenig geachtet von den Weisen des Hofs, den Befehlen seines Herzens mit strengem Eigensinne folgte.

Nie erniebrigte er sich zu der Schmeichelei, und nie folgte er der Mode des Hofes, die das Hauptlaster des Fürsten zu einer Tugend erhebt, und durch Nachahmung billigt. Vergebens — (konnt' es wohl anders seyn?) hofft er in diesem Getümmel ein nahes Glück, hier, wo man nur durch seine Ränke gewinnt, und wo die Blicke der Großen mehr gelten, als ein richtiger Verstand und Tugend und Wahrheit. Er war es, der Wilhelminen zuerst mit glimpflichen Worten vor der weiten Gefahr warnte, in die ihr Leichtsinn und die verjährte Lust eines wollüstigen Hofs ihre Jugend verwickelte, der ihr zuerst den Gedanken erträglich und wünschenswerth machte, wiederum die heitere gesündere Luft ihres Geburtsorts zu athmen. Mit innerer Befriedigung sah er, daß der heutige Tag seine Bemühung krönte, und dieses frohe Gefühl beschäftigte ihn einzig in dem Taumel einer thörichten Gesellschaft. Ungern sah ihn der Hofmarschall in dem Kreise seiner Lust. — Er trug aber ungekränkt diese ehrende Verachtung und gab sich gern einem unruhigen Tage Preis, um ein verirrtes Mädchen in einer glücklich entschlossenen Tugend zu stärken. Zischt ihn aus — ihr Lieblinge und Weisen des Hofs! Was helfen ihm alle seine Verdienste? Daß sie einst vielleicht, in Stein gehauen, auf seinem Grabmale sitzen und weinen? O wie thöricht! den Geboten des Himmels zu gehorchen, wo ein Fürst befiehlt, und auf dem einsamen Wege der Tugend zu wandeln, wo noch kein Hofmann eine fette Pfründe erreicht hat. Wenn eine falsche, wankende Uhr des Stadthauses den Vorurtheilen der Bürger gebietet, so betrügt uns oft unsere wahre Kenntniß der Zeit und ihren Gebrauch; denn hier, wo ein Jeder dem allgemeinen Irrthume folget, den eine summende Glocke ausbreitet, und die entfernte Sonne für nichts achtet, was hilft es hier dem gewissen Sternseher, daß er sich allein nach ihren Befehlen richtet — und den Wahn der Stadt verlachet — und seine Stunden nach der Natur mißt? Mit allen seinen Kalendern wird er bald sein Mittagsmahl — bald den Besuch bei seiner Geliebten und den Thorschluß versäumen.

Zwei würdige Gesellschafter beschlossen den Einzug in einem alten Schlitten, den ein unscheinbares Bildniß beschwerte. — Ob es einen nervigten Vulkan oder einen aufgeblähten Midias vorstellte, war für die Kunstrichter ein Räthsel. Ein halbgelehrter Patricius, ehemaliger Hofmeister des Marschalls, an Stande, so wie an Wissenschaft weder Pferd, noch Esel — nahm die eine Hälfte des breternen Sitzes ein, und auf der andern saß ein graugewordener Hofnarr, der mühsam den Weg hindurch auf Einfälle dachte, in Versen und Prosa, die hohe Gesellschaft zu erlustigen; aber sein leerer Kopf blieb ohne Erfindung. Oft weinte der Arme, daß sein Alter ihm das Ruder aus den Händen wand, das er so lange glücklich regieret, und um welches sich jetzt der fürstliche Läufer, der Oberschenk und eine dicke Tyrolerin rissen.

Niemand ward mehr erwartet, als die junge Komtesse. Der Hofmarschall stand unbeweglich an dem offenen Fenster und seine feurigen Blicke fuhren, durch ein ungeduldiges Fernglas, auf dem Wege hin, woher die schöne Klarisse kommen sollte. Wimmernd rang der angstvolle Magister die Hände und versicherte ohne Aufhören dem argwöhnischen Hofmann: Die junge Dame werde gewiß kommen. Ach! sagte er, sie hat mir ja mit der aufrichtigsten Miene versprochen, meine schwere Bedingung erfüllen zu helfen, und sie wird mich gewiß nicht in meinen Nöthen verlassen". Unterdessen war auch schon der theure Mann angelangt, der dies Brautpaar fester verbinden sollte. Auf dem benachbarten Dorfe, wo Niemand die Reize einer Wilhelmine kannte, hatt' er von den drei Seiten seiner hölzernen Kanzel trotzig gefragt: Ob Jemand wider das Aufgebot seines Freundes etwas einzuwenden hätte? Und dreimal hatt' er die Verleumdung mit diesen mächtigen Worten gebannt: Der schweige nachmals stille! Sein frommfarbiger Mantel bedeckt' ein wildes Herz; ohne Neigung war er ein Geistlicher, und in diesem gezwungenen Stande ward er selbst in einem Amte mager, das seit dreihundert Jahren die Schwindsüchtigen fett gemacht hat. Mosheim und Cramer'n kannt' er nicht; er sprach aber gern von dem General Ziethen und dem lustigen Treffen bei Roßbach. Seine Bauern, wild wie er selbst, konnt' er lange nicht durch die Bibel bezähmen — aber es glückte ihm nach einer neuen Methode. Denn eh' er seinen Rednerstuhl bestieg, besah er sein florentinisches Wetterglas und rief prophetisch alle die Veränderungen von seiner Kanzel, die es ihm ankündigte. Bald wahrsagt' er der ungezogenen Gemeinde Regen und Wind in der Heuernte, bald aber beglückt' er sie, zum Trost, mit einem warmen Sonnenschein in der Weinlese. Die gerührten Bauern bewunderten den neuen Propheten, besserten ihr Leben und besetzten seitdem alle Stühle der Kirche. Nach einer lange gefeierten Pause — erschien endlich die erseufzte Göttin in ihrem Schmucke, und wunderschön von Natur; und welch ein Glück für den Hofmarschall! ohne Gouvernantin erschien sie. Die Furcht vor einem Hochzeitsgeschenke hatte diese geizige Seele zurückgehalten; und die sonst nie von der Seite ihrer jungen Dame wich, überließ heute zum ersten Male den langbewahrten Schatz einem listigen Geliebten, der die Zeit zu gebrauchen mußte. Mit funkelnden Augen empfing er die Schöne, auf deren Wangen sich eine warme Röthe verbreitete, da sie ihm die glaçirte Hand reichte, die auch in dem Augenblicke zärtlich gedrückt ward. Und nun war die ganze Bedingung erfüllt, die das Schicksal des armen Dorfpfarrers bestimmte. Die vornehme Versammlung begleitete ihn zur vollen Kirche, wo er durch ein vielbedeutendes Ja! vor der ganzen Gemeinde gesprochen, von seiner reizenden Braut alle die mystischen Rechte der Ehe, und das beschlossene Glück und Unglück seines gefesselten Lebens mit Freuden empfing. Mit einer zurückhaltenden, bescheidenen Miene empfing auch sie von seinen Lippen das Blanket der Liebe, worauf die eigensinnige Zeit ihre Befehle schreiben wird, die kein Thränenguß auslöscht. Ein geheimer Neid saß in den glatten Stirnen und in den Runzeln der weiblichen Gemeinde; aber die Männer blickten ihren beweibten Hirten mit lächelndem Mitleid an; denn die Erinnerung ihres ehemaligen glücklichen Traums, der heut' auch über ihrem Pfarrherrn schwebte, — und das wache Bewußtseyn ihres jetzigen Schicksals bracht' ein ernsthaftes Nachdenken in ihre Gemüther. Und nun besaß der Beglückte seine Braut, die ihm kein Sterblicher wieder entreißen konnte. Nun hab' ich sie endlich erhascht, die fröhlichen Minuten, dacht' er, die mir vier Jahre lang entwischt waren; und voll Empfindung seines Glücks drückt' er oft seiner angetrauten Wilhelmine die kleine Hand und führt' sie mit triumphirender Nase nach Hause. Aber ein wunderlicher, unverſehener Gedanke, der ſich wider alles Vergnügen auflehnte, ſtieg jetzt aus dem klopfenden Herzen der armen Verlobten empor. — Iſt dies nicht, ſeufzte ſie bei ſich ſelbſt, das Leichengepränge deiner Schönheit? Klägliches Geſchenk der Natur, das Keinem weniger hilft, als dem, der es beſitzt! Was für unruhige Tage haſt du mir nicht verurſacht! Und jetzt begräbſt du mich ſogar in einer ſchmutzigen Pfarre! Aber ihr weiſer Freund und Rathgeber entdeckte kaum dieſen unzufriedenen Gedanken in ihrem bekümmerten Geſicht, als er durch einen ernſthaften Blick, gen Himmel geſchlagen, ihr denſelben verwies, ſie mit ihrem Schickſal verſöhnte und ihr eine kleine tugendhafte Thräne ablockte.

Ein mathematiſcher Fourier hatt' indeſſen die hochzeitliche Tafel geordnet. Ehe man ſich ſetzte, bewunderte man ſeinen Geſchmack in einer minutenlangen Stille, und faltete dabei die Hände. Schimmernder Wein, der, wie die Begeiſterung der Liebe, nicht beſchrieben, nur empfunden werden muß, blickte durch den geruchvollen Dampf der theuern Gerichte, wie das Abendroth unter dem aufſteigenden Nebel hervor.

Jetzt ergriff der ſchimmernde Hofmarſchall die warme weiche Hand der blauäugigten Wilhelmine, führte ſie an die oberſte Stelle der Tafel und bat den dankbaren Magister, sich neben seine Göttin zu setzen, und nicht durch den Zwang eines Neuvermählten die Freuden der Tafel zu stören. Ach! wie gibt hier die veränderliche Zeit ihr Recht zu erkennen! Er — der ehemals dem weinenden Pfarrherrn seine Geliebte entzog, gibt sie ihm jetzt bei einem freigebigen Gastmahle geputzt und artig wieder zurück, und macht ihm all' sein ausgestandenes Leiden vergessen. So überschickte einst der große Agamemnon seine Briseis dem gelorbeerten Priester des Apoll, die der königliche Liebhaber der väterlichen Sehnsucht lange Zeit vorenthielt. Prächtige Geschenke und eine Hekatombe mußten den Alten trösten und seinen Gott versöhnen, und in hohen Tönen sang der Dichter der Ilias die Geschichte, wie ich jetzt die Hochzeit eines Magisters besinge.

Der Schmaus ging an! Ein köstliches Gericht verdrängte das andere, und Bacchus und Ceres tanzten um den Tisch her. Der freimüthige Scherz, die feine Spötterei und das fröhliche Lächeln vertrieben unbemerkt die taumelnden Stunden des Nachmittags, und der Geist der Komtesse und des Champagners durchbrauste die fühlbaren Herzen der Gäste. Alles war munter und fröhlichen Muths. Nur der Magister und der Hofnarr — immer in sich gekehrt, saßen unruhig an der frohen Tafel. Den Einen überfiel bald ein theologischer

Skrupel, bald ein Gedanke seiner künftigen Liebe; und der Andere ängstigte sich heimlich, daß es in seinem Gehirne so finster, wie eine durchnebelte Winternacht aussah. Wie oft buhlt' er vergebens um das belohnende Lächeln des Marschalls, und wie oft verfolgte sein schwerer Witz die flüchtigen Reden des lustigen Kammerjunkers! Aber eh' er sie erreichte, waren sie von der Gesellschaft und von dem Redner selbst vergessen, und mit Verdruß nahm er wahr, daß Niemand seine Einfälle begriff, und alle seine witzige Mühe verloren ging. Ein alter hungriger Wolf schleicht so dem Fuchse nach, der unbekümmert durch's Gras scherzt, den verdrießlichen Räuber bald nach dieser, bald nach jener Seite hinlockt, und endlich doch seiner groben Tatze entwischet. Zur Erholung der gesättigten Gäste, deren immer sich anstrengender Witz manchmal schlaff zu werden begann, rief der kluge Hofmarschall den Verstand des sinnreichen Konditors zu Hülfe, der so oft seine Wirkung zeigt, wenn die langweiligen Reden eines Fürsten seinen Hof einzuwiegen drohen — Und — auf einmal reizt eine überzuckerte Welt die weiten Augen der Gäste. Faunen und Liebesgötter und nackende Mädchen, in einem poetischen Brennofen gebildet, scherzten ohn' Aufhören im funkelnden Grase. In der Mitte entdeckte sich eine lachende Scene unter einer hohen arkadischen Laube von ewigem Wintergrün: die porzellanene Zeit war es, die mit einer furchtbaren Hippe den zerbrechlichen Amor in der Laube herumjagte. — O wie wird es ihm gehen, wenn er sich einholen läßt! Denn der kleine, lose Dieb hat ihr Stundenglas listig entwendet, und schüttelt den Sand darinnen unter einander, worüber die hohe Gesellschaft sich innerlich freute. Ein voller Teller lustiger Einfälle, in buntem Kraftmehle gebacken, streute neues Vergnügen über die Tafel. Welche Vermischung von Dingen! Stiefeln und Unterröcke, Ferngläser und Schnürbrüste, Küraß' und Palatins, Spiegel und Larven klapperten unter einander. Jedes öffnet eine Figur, die ihm das Ohngefähr oder seine Neigung in die Hand gab; und die ausgewickelten Orakelsprüche wurden laut gelesen. Ein Putzkopf lieferte dem Hofmarschall eine feurige Liebeserklärung — lächelnd sah er seine gräfliche Nachbarin an, und überreicht' ihr die bunten Loose. Sie ergriff einen Federhut und las stotternd eine prophetische Beschreibung des verliebten Meineids ab. Furchtsam gab sie den Teller von sich. Ein ungesalzenes Epigramm auf den Hymen lag in einem Strohhute gehüllt, und ward von dem Kammerjunker aus seinem Staube gezogen und mit lautem Lachen ausposaunt. — Die lose Wilhelmine zerrieb eine Knotenperücke, die in Knittelversen der Kammerjunker würdig widerlegte. Nach ihr ergriff, aus verliebter Ahnung, der Magister ein schneeweißes Herz, worein eine witzige 3 geätzt war. Bedächtlich öffnete er es, und fand diese wenigen Worte: Ich liebe Einen um den Andern. — Wer hätt' es diesem falschen Herzen ansehen sollen, rief er voller Verwunderung, und klebte mühsam die beiden Hälften wieder zusammen. Alle noch übrigen Devisen wurden von den beiden Kammerherren und dem Hofnarren zerknickt, die ganz still die noch verborgenen Schätze des Witzes für sich einsammelten, wie der Geizhals das wohlfeile Korn auf die theuern Zeiten der Zukunft.

Die verdrießliche Langeweile fing wieder an, den angenehmen Lärm der Gesellschaft zu unterdrücken, als der schlaue Hofmarschall es zeitig bemerkte, und ein frohmachendes Hochzeitsgeschenk aus seiner Tasche hervorzog. Er wickelt' es aus dem umhüllenden Papier, und ermunterte die übrigen Gäste, seinem Beispiele zu folgen. Ungezwungen stellt' er sich hinter den Stuhl der angenehmen Braut, und hing ihr ein demantnes Kreuz um, das an einem schwarz-moornen Bande zwischen dem schönen Busen herunter rollte. — O was für ein Bewußtseyn durchströmt' jetzt die blutvollen Wangen der Schönen! Mit ungewisser Stimme dankte sie dem galanten Herrn. Lange konnte sie nicht ihre widerstrebenden Augen in die Höhe schlagen, und die unzeitige Scham brachte sie in eine kleine Verwirrung. Ein solches Gefühl durchdringt oft die treulose Brust eines Hofmanns, wenn sie nun zum ersten Male unter dem ertheilten Ordensſterne klopfet. Furchtſam glaubt' er, die Gemahlin des Fürſten möchte das Verdienſt errathen, das ihm dies Ehrenzeichen erwarb. Selbſt den ihm unbekannten lakoniſchen Worten des Sterns trauet er nicht, und er wird es nicht eher wagen, ſich unter ſeinen Neidern zu brüſten, bis ihm ſein troſtreicher Schreiber die goldenen Buchſtaben verſtändlich gemacht hat.

Was für köſtliche Geſchenke häuften ſich nicht in dem Schooße der glücklichen Wilhelmine — Spitzen und Ringe und Doſen und künſtliche Blumen. Ach! dachte der Paſtor — ach! ſo viel Reichthum habe ich ja nicht in meinem zehnjährigen beſchwerlichen Amte geſammelt — und wie wunderbar! als Herr ſeines Weibes dankt' Er — auch Er! ſeinen großmüthigen Gönnern für dieſe Geſchenke. Man ſah es an dem ſatyriſchen Lächeln der Gäſte, wie gut ſeine fröhlichen Dankſagungen angebracht waren.

Sechster Gesang.

So endigte sich das fröhliche Hochzeitmahl. Die trunkenen Gäste taumelten in dem kleinen Raume des Zimmers immer wider einander. Ein Evan Evoe umschallte die Wände: Leuchter und Stühle drehten sich in einem Kreis herum, und vollendete Lieder und halbgestohlene Küsse erfüllten die Luft. Die zerstreuten Kammerherren, ohne Gedanken, in welchem frommen Hause sie lebten, riefen nach einer Karte zum Pharao — die junge Komtesse, ihres jungfräulichen Zwanges und ihrer Gouvernantin uneingedenk, stellte sich mit dem freundlichen Hofmarschall in den einsamen Bogen des Fensters, und dieser genoß der süßen Betäubung der Schönen so gut als er vermochte. Der kindische Kammerjunker versuchte seinen Witz an dem schläfrigen Hofnarren, und alle Vortheile, die er über ihn erhielt, erzählt' er mit lautem Triumphe der aufmerksamen Gesellschaft. Aber Alle verachteten die harmonische Erinnerung des Nachtwächters und übersahen das politische Gähnen des Neuvermählten, und lachten Alle den

Mond an. So taumeln oft die vermummten Geschöpfe einer Maskerade widersinnig unter einander, vergessen ihre Verkleidung, um nach dem Trieb' ihrer Sinne zu handeln. — Rabbi Moses zieht die verkappte Nonne zum schwäbischen Tanz auf, oder fordert ein Stück schmackhafte Cervelatwurst. Der lange Türke trinkt im falben Burgunder die Gesundheit des allerchristlichen Königs, und die stroherne Pyramide fängt an, Knaster zu rauchen.

Jetzt ging der ungeduldige Ehemann in seine einsame Studierstube — verwünschte seine lärmenden Gäste und rief also zum Amor: O du mächtiger Sohn der Cythere! hast du mir deinen Schutz nur darum angeboten, und mich deines Rathes gewürdiget, um mich jetzt desto mehr zu kränken und mein dankbares Herz wider dich zu empören? Was hilft es, daß du mich nach den Reizen meiner Wilhelmine hast schmachten gelebt, — daß du mich durch ihr melodisches Jawort beglückt hast? — Was hilft es, daß mir dieser Tag in der schönsten Feier entflohen ist, wenn meine erste Brautnacht langweilig und ungefeiert davon zieht? Die lächelnde Morgenröthe wird mich spottend an die neue Bekanntschaft einer Freud' erinnern, die wider mein Verschulden mir fremd geblieben ist, und Wilhelmine wird mir mit ernsthaftem Lächeln in das Gesicht sehn, wenn sie die glückwünschenden Bauern Frau

Magisterin grüßen. Diese Nacht, o Sohn der Venus! nur diese einzige Nacht beherrschest du noch mit dem Hymen in gemeinschaftlicher Ehre. — So laß' mir doch nicht durch das wilde Getöse der gepuderten Höflinge und durch das Wiehern ihrer Pferde diese glücklichen Stunden entziehen, die keine Macht vermögend ist mir wieder zurück-zuführen, sollten sie einmal davon seyn. Diese Seufzer des unruhigen Magisters brachten den Stolz des kleinen Gottes in Bewegung. Er freute sich, daß der dankbare Vermählte, nicht trotzig auf die dienstbare Hülfe des Hymen, des Amors Freundschaft noch suchte. Gütig entschloß er sich, dem Verliebten zu helfen, und den Jupiter und des Pantheons verirrte Bewohner und Ritter und Pferde hinaus zum Dorfe zu jagen. Welch ein heroisch Unternehmen! — Welch eine That!

Recht zu gelegener Zeit fiel dem kleinen Hel-den der Trojanische Brand ein, der die trotzige Garnison der Griechen nöthigte, den flammenden Platz zu verlassen, und diese so oft besungene schreckliche Geschichte gab ihm eine sinnreiche Kriegs-list an die Hand, die er mit Glück und Tapferkeit ausführte. Er drehet' aus den Händen des gefes-selten Hymen die hochzeitliche Fackel, die lichterloh brannte, und stahl sich unvermerkt in die Küche des Pfarrherrn. Von der edeln Kochkunst ver-lassen, die vor Kurzem zwanzig schöpferische Hände darinnen beschäftigte, ruht' jetzt eine finstere Traurigkeit unter ihren Gewölben. Auf dem warmen Heerde lag eine ungebrauchte Speckseite in der aufgehäuften Asche verborgen, woran die ganze große geschwänzte Armee des scherzhaften Mäoniden sich hätte sättigen können. Dieses ungeheure Magazin steckte der freibeutische Amor mit abwärts gesenkter Fackel in Brand. Auf einmal flog es, durch die fettige Flamme belebt, in die schwarze Esse, die sich rauschend entzündete — und ihr blutrothes Feuer dem Firmamente zuwälzte. — Es war geschehen — Amor schüttelte seine Flügel und floh, und stellte sich auf die knarrende Fahne des Kirchthurms. Hier stand er wie Nero; als er mit grausamer Wollust seine Residenz brennen sah, freute sich seines gelungenen Anschlags und erwartete den erschrecklichen Ausgang. — Und nun — o Muse! hilf mir das Getümmel beschreiben, das in dem Hause des Magisters entstand, als die gräßliche feuerschreiende Stimme sich über das aufgeschreckte Dorf ausbreitete. Das hohle, furchtbare Getöne der stürmenden Glocken, die ein angstvoller Kantor unermüdet läutete, verkündigte den verzagten Matronen ihren Untergang, und das Geschrei der Kinder, und das Pochen der Nachbarn, und das Bellen der Hunde machte eine finstere unglückliche Nacht noch schrecklicher. Von dem stummen Entsetzen geführt, kam die verlorne Nüchternheit jetzt wieder in die Persammlung der Hochzeitgäste zurück. Doch kaum begriffen sie das drohende Unglück ihres betrübten Wirths, so flohen sie ihn, als wahre Hofleute, mit eilenden Füßen, und nach einem kurzen, gleichgültigen Lebewohl! verließen sie alle das neue Ehepaar in Thränen. Aber wie ehemals der junge Aeneas seinen alten frommen Vater aus dem flammenden Troja trug, so umfaßt' jetzt der getreue Hofmarschall seine weinende Klarisse, und durch die Liebe gestärkt, verachtet' er alle Gefahren. Das Feuer prasselt' über sein Haupt, und die Wellen des Fischbeinrocks schlugen über seine zerrissenen Haarlocken zusammen — dennoch bracht' er sie glücklich an ihre sichere Karosse und übergab sie den Händen ihrer schützenden Zofe. Und wie der unerschrockene Weise, gegenwärtig in den größten Bedrängnissen, sich noch um Kleinigkeiten des Lebens bekümmert, oder so, wie der größte Lips Tullian auf dem Richtplatze, da schon der Stab gebrochen ist, noch für seine Nase besorgt, um eine Prise Rappé bat — noch schnupft er ihn mit süßer Empfindung, in dieser entscheidenden furchtbaren Minute — reckte darauf mit einem Seufzer den Hals dar und befand sich in der andern Welt, eh' er — niesen konnte — eben so nahm noch jetzt der Hofmarschall drei verliebte Küsse von seiner beängstigten Schönen, und warf sich mit unterdrückter Sehnsucht in seinen fortschallenden Schlitten. Das Zeichen war gegeben, und nun flogen alle die unbändigen Pferde mit ihren Rittern davon, die, mit stillem Vergnügen über ihre Sicherheit, oft nach der brennenden Pfarre zurücksahn.

Kaum war die lärmende Versammlung der Götter- und Menschengestalten zum Dorfe hinaus, so gebot Amor: das Feuer sollte verlöschen — und es verlosch. Zwar verkannte der blinde Pöbel die Hülfe des Amors, und jauchzend dankten die Bauern ihre Rettung einem schwarzen Dämon, der es gewagt hatte, auf's priesterliche Dach zu steigen, wo er, dem Feuer zum Opfer, eine arme geraubte Najade der Elbe in den schwarzen Abgrund hinunterstieß, daß ihre zerschmetterten Glieder in einer schmutzigen Küche ein unbekanntes Grabmal bedeckte.

Nun brachte der Gott der Liebe dem Hymen die hochzeitliche Lunte wieder zurück; darauf ging er Hand in Hand mit ihm zu dem getrösteten Verliebten und sammelte seine entzückten Danksagungen in den leeren Köcher; denn der kleine Held hatte den Tag über alle seine Pfeile verschossen. Die noch übrige Nacht hindurch wacht' er an dem rauschenden Brautbett', und da der Morgen anbrach, erhob er sich fröhlich in den Olymp auf den Strahlen der Sonne, die zuerst dem frohen Magister die erste Mischung von Scham und gedemüthigter Sprödigkeit auf den Wangen seiner zufriedenen Schönen sichtbar machten und ihn zu

v. Thümmel.

neuen Morgenküssen erweckten. Wie reizend blickte nicht die vollendete Braut ihrem glücklichen Sieger in das männliche Gesicht! Gleich einer jungen Rose, die sich unter dem schwarzen Gefieder einer einzigen balsamischen Nacht entfaltet. Der überhangende Phöbus trifft sie in ihrem vollen Schmucke an, und vergebens bemühen sich seine brennenden Strahlen, sie noch mehr zu entwickeln.

Jetzt stand der kleine Amor vor seiner freundlichen Mutter und erzählt' ihr in scherzhafter Prahlerei seine Kriegslist und seinen Triumph, daß seine Stimme durch den Olymp schallte, und selbst die bescheidenen Musen ihm Beifall zuwinkten. Ihr Lächeln löste sich in einen sanften, geistigen Sonnenschein auf, wovon ein goldener Blick in die Welt drang, und unter so vielen tausend poetischen Seelen die meinige allein begeisterte. Ich hab' Alles gethan, was meine Muse befahl; ich habe das Elend des verliebten Magisters und seine fröhliche Hochzeit besungen, und hab' ein Werk verrichtet, das, durch eine schöne Druckerpresse vervielfältigt, der Vergänglichkeit trotzen kann.

Fragmente

aus den

Reisen in den mittägigen Provinzen von Frankreich.

Ich kam eben nach Hause, von dem schönsten Morgen erheitert, voller Friede und Freude, und in keiner andern Absicht, als meinen Hunger geschwind abzuthun, um bald wieder zu der Natur zurück zu eilen. Da kommt mir Johann mit einer Einladung zum Spiel und Abendessen, und mit einem Befehl der Marquise d'Antremont entgegen, sie auf der Esplanade aufzusuchen und in das Schauspiel zu begleiten. Man gibt den Honéte Criminel, ein Lieblingsstück der hiesigen Einwohner, weil es über eine wahre einheimische Geschichte gemodelt ist. — Sie will mir vorher noch den braven Mann kennen lernen, der durch seine tugendhafte Handlung der Held dieses Drama's geworden ist, Fabre heißt und nicht weit von hier sein Handwerk als Strumpfwirker treibt.

Die Tugend hat auch ihre Genies! Vielleicht hat sie deren mehre noch, als die Wissenschaften. — Nur bemerkt man sie seltener, weil es schon nicht mehr Tugend seyn würde, wenn sie, wie jene vorzüglichen Lieblinge der Musen, nur darauf ausginge, Lärm in der Welt zu machen, um nach einem gewöhnlichen feinen Mißverstande einer guten Lehre ihr Licht leuchten zu lassen vor den Leuten. Das ist jedoch nicht der Fall des ehrlichen Fabre's. — Er ist unschuldig an seinem Rufe. Die prahlende Menschenliebe des Ministers Choiseul, entzog ihn der despotischen Strafe, die er freiwillig seinem Vater abgenommen hatte, und seine Mitbürger, die ziemlich gleichgültig gegen sein Schicksal waren, ehe noch am Hofe davon gesprochen wurde, brüsten sich jetzt mit seiner Tugend, als einer Seltenheit ihres Landes — seitdem sie Aufsehen gemacht hat, und auf dem Theater gespielt wird.

Ich fand die Marquise mit dem redlichen Fabre auf der Esplanade, und seine Geschichte ward, nach unserer geschwind-gemachten Bekanntschaft, der

Hauptinhalt unsers Gesprächs. — Er mußte mir erzählen, wie lange er die Stelle seines Vaters auf den Galeeren vertreten hätte. Er freute sich mit uns, daß seit seiner Befreiung protestantische Prediger keine Strafe mehr zu befürchten hätten, wenn sie, wie sein Vater, im Stillen ihre Pflicht thäten, malte mir in natürlichen Ausdrücken den Zustand seiner Seele, während sein Körper in Ketten lag, und wie ihn der Gedanke an seinen guten Vater und an seine Geliebte, die den Werth seiner That erkannte, gestärkt, und wie ihn das Bewußtseyn, rechtschaffen zu handeln, mitten in seiner Mühseligkeit überreichlich belohnt hätte, und rührte mich durch seine ungezwungene Erzählung bis zu Thränen.

Während dieser Unterredung, und da wir eben eine Seitenallee einschlugen, sahen wir am Ende derselben einen dunkeln Rock, der sich durch einen blinkenden Stern schon in der Entfernung auszeichnete. — Wir sprachen ungestört fort, ohne auf diesen Stempel des Verdienstes weiter zu achten, und das war eben mein Unglück.

Die Figur war immer näher gerückt, und ehe ich ausweichen konnte, fand ich mich schon von den Armen des unerträglichen Ritters der Annonciade, des Grafen von **, umschlungen. Ich beantwortete seine Fragen, seine Umarmungen und sein Erstaunen so verlegen, wie zu Berlin, und stotterte in der Angst den Namen der Marquise, an die er sich nun mit seiner zweiten Verbeugung wendete. Ich hätte voraus sehen können, wie geschwind er dies für eine Aufforderung halten würde, sich in seiner Stärke zu zeigen — Gott weiß, ob er's that! Der entscheidende Ton, der ihm eigen ist, seine verunglückte Diskant-Stimme, sein musiver Witz, sein Elsterlachen, vertrieben nur zu bald jedes Merkmal voriger Zufriedenheit aus unser aller Gesichtern.

Um seiner los zu werden, verfiel ich auf das einzige Mittel, das uns bei einem Schwätzer übrig bleibt: — ihn selbst zu verlassen. Ich sah nach meiner Uhr, und fragte die Marquise: Ob es nicht Zeit sey, in die Komödie zu geben?

Kaum war diese Frage entwischt, so that er den Sprung der Verwunderung zurück. „Bei dem Gotte des guten Geschmacks!" quäkte er: „Was wollen Sie in der Komödie machen! Doch" — erholte er sich wieder, „meinetwegen sollen Sie sich nicht abhalten lassen. Das heutige Stück ist zwar, nach dem Zettel, auf den ich dort an der Ecke im Vorbeigehen einen Blick warf, in der That keines der ersten. Die Scenen sind matt, und das ganze Sujet ist unter der tragischen Würde. Indeß — dergleichen Mißgeburten gehören ja zur herrschenden Mode! Vor vielen Jahren wurde es sogar in der

Hauptstadt aufgeführt. Doch das beweist freilich
nichts für seine Güte!

„Der Kenner klagt auch dort, die Bühne sey,
    zum Schimpfe
Des heutigen Geschmacks, bei'm Tode Cäsars
    leer.
Allein was schadet das? Weint etwa das Par-
    terr'
Bei'm Entfall einer Bauernnymphe
Um einen Tropfen weniger?
Sonst hatten die, die unsre Nymphe
Zu Thränen wandelten, mit Kronen nur Ver-
    kehr;
So stolz gewöhnt sind wir, Gott Lob, nicht
    mehr,
Denn unser Modeheld — wirkt Strümpfe".

Das Blut stieg dem ehrlichen Fabre in das Gesicht. Die Marquise erschrak, und ich, der ich mich
als die erste Ursache dieses groben Ausfalls meines
witzigen Landsmannes ansah, mir vorwarf, daß ich
unsern ehrlichen Begleiter nicht zur rechten Zeit
dem Grafen vorstellte — was ich in diesem Augenblicke empfand, das wirst Du Dir selbst sagen. Ein
Fehler folgte in dieser unseligen Stunde aus dem
andern.

„Lieber Graf", sagte ich, um die Sache gut zu machen, „vergeben Sie mir, daß ich Ihnen diesen Herrn noch nicht bekannt gemacht habe. Es ist eben der rechtschaffene Herr Fabre, dessen rührende Geschichte der Inhalt des heutigen Stücks ist. Ihr Epigramm kann in Absicht der Ausführung dieses Schauspiels sehr wahr seyn, das wird Sie aber gewiß nicht abhalten, der That selbst, die zum Grunde liegt, und den Verdiensten dieses edlen Bürgers Ihre schuldige Achtung zu schenken".

Ich Unbesonnener! Was für ein Gewitter erregte ich!

Ein edler Bürger? Welch' ein Schrecken
Ergriff sein deutsches Ohr bei dieser Disso-
nanz!
Ihm stieg der Kamm, sein Auge schwamm im
Glanz.
Und ausgeschmückt mit Panzer, Helm und Decken,
Trabt' er einher auf seinem alten Schecken
Gerade los auf Fabre's Eichenkranz.
Doch ich, dem jetzt der Retter seines Vaters
Und deutsche Ritterschaft gleich nah' am Herzen
lag,
Fand noch, so schwer es war, ein Mittel zum
Vertrag:
Den festen Mann führt' ich bis an die Thür
des Praters

In allem Pomp von einem Ritterschlag,
Und Fabren mit dem Ernst des tragischen Thea-
   ters
Der Pforte zu, die nur am letzten Probetag
Die Tugend einzugehn vermag.
So mischt' ich schlau mit Ernst und Spotte
Die Karten so, daß mein verdecktes Spiel,
Mit zwei Gesichtern, gleich dem Kriegesgotte,
Den Streitenden gleich wohl gefiel,
Und wie Pompilius, ward ich, kraft einer
   Kunde,
Die mich der Hof, die Welt, die mich mein Herz
   gelehrt,
Von Freund und Feind mit Einem Munde
Als Kenner des Verdienst geehrt.

Da ich es so weit gebracht hatte, bot ich der Marquise den Arm, und eilte mit ihr aus der Atmosphäre des Schwätzers, um mir in der Loge den Angstschweiß abzutrocknen, in welchen mich dieser Auftritt gesetzt hatte. Der gute Fabre begleitete uns und ich hoffe, daß ihn die Empfindungen, die ihm während der Vorstellung seiner guten That aufsteigen mußten, und der Beifall, den ihm das Parterre zuklatschte, mehr als hinlänglich für das Vorhergegangene entschädigt haben sollen. Mir erlaubte mein Verdruß nicht, dem Stücke die Aufmerksamkeit zu schenken, die es verdient. Ich schämte mich in die Seele des Grafen, und trug meine Zerstreuung und Laune mit in die Gesellschaft über, von der zu meinem Vergnügen der ehrliche Fabre, trotz seiner Zunftmäßigkeit, nicht ausgeschlossen war.

Ich ließ mir ein gutes Frühstück geben, that Verzicht auf mein Mittagsmahl, eilte nach meiner lieben Fontaine, und da ich mich auch da noch nicht für sicher genug hielt, erstieg ich den hohen Berg, der daran stößt. Nun erst schöpfte ich Athem, und sah in der stolzen Sicherheit einer einsamen Gemse auf meinen Verfolger herab, und in Kurzem verschwand — Dank sey es der gütigen Natur! — jede widrige Empfindung.

Ein unförmliches, uraltes, hohes, zugespitztes Gewölbe auf der Mitte dieses Gebirges, an welchem die Untersuchungen des herzhaftesten Antiquars scheitern, dominirt hier, wie eine Bischofsmütze, über das unter ihm ausgebreitete Land. Das gemeine Volk nennt dieses sonderbare Gebäude „den Leuchtthurm", vermuthlich um dem Kinde einen Namen zu geben, da der Augenschein lehrt, daß ihm dieses Beiwort so wenig zukommt, als der Magistertitel einer Schildkröte. Die Römer sauden es schon zu ihrer Zeit in der nämlichen Gestalt. Mir scheint es von Dummköpfen für die Ewigkeit gebaut zu seyn, die hier zum ersten Male ihre Absicht erreichten. Nach der leblosen imposanten Ruhe, die diesen Thurm umgibt, würde ich zwar noch lieber glauben, daß er von Tauben und Stummen dem Gotte des Stillschweigens zu Ehren errichtet sey, wenn es mir nicht zu wehe thäte, einem solchen Gotte einen so barbarischen Tempel anzuweisen.

Die Andacht findet indeß überall das höhere Wesen, von dem sie voll ist, und so ging es auch mir. — Ich fühlte mich gestimmt, dem Gotte, dessen Gegenwart ich ahnete, auf allen Fall mein Opfer zu bringen. Ernst und schaudernd blickte ich um mich her; die Knie zitterten mir; gemach sank ich auf ein bemoostes Felsenstück, aus dessen Ritzen hier und da eine Lotusblume hervor sproß, legte den Finger auf den Mund, und ein stilles Gebet strömte in frommem Entzücken aus dem gerührten Herzen:

„Du Wesen, das zu mir beredter
Als Phöbus und die Musen spricht
Sey du, bescheidenster der Götter,
So oft mich deiner Ehre Spötter
Umschnattern, meine Zuversicht!

Steh' in den niedrigen Verträgen
Der großen feigen Welt mir bei,
Daß meine Zunge nie verwegen
In dem Geräusch von Gallatägen
Verräther meines Mißmuths sey!

Errette mich, wenn ich der Thoren
Verdecktes Spiel, wenn ich zu nah'
Des Midas königliche Ohren,
Wenn ich Nicaisens Kopf beschoren,
Und Meßmern in die Fenster sah!

Verhülle unter einem Kranze
Von Lotus mein empörtes Haar,
Wenn mich aus ihrem Mittagsglanze
Die Göttin schrecket, die im Tanze
Des Abends meine Phryne war!

Beschütze mich vor Fürstenrache,
Den Martern eines Struensee,
Wenn ich, nach mancher Ehrenwache,
In meines Sohnes Vorgemache
Unkenntlich wie Ulysses steh'!

Und führe mich, den Mund verschlossen
Durch Autor- und Sophistenschlamm;
Versüße meinen Zeitgenossen
Die Bitterkeit von meinen Glossen,
Und werde du mein Epigramm!"

Inhalts-Verzeichniß.

	Seite
Biographische Notiz	5

Ausgewählte Gedichte.

In das Stammbuch der Madame Händel	9
Der Vogelsteller	10
Romanze	11
Das entflogene Haar	16
In das Stammbuch eines jungen Fräuleins aus einem aufgehobenen Kloster	19
Gebet eines redlichen Vaters am Vermählungstage seiner geliebten Tochter	20
Wilhelmine, ein prosaisch-komisches Gedicht	23
Fragmente	83